KB110934

프로젝트 수업 제대로 하기

프로젝트 수업 제대로 하기

학습 효과를 높이는 세 가지 설계 혁신

마이클 맥도웰 지음 | 장밝은 옮김

지식프레임

《프로젝트 수업 어떻게 할 것인가?》(2017, 지식프레임)가 번역되어 나온 지 만 1년이 되던 시점에 운 좋게도 교육청의 지원으로 PBL 단기연수에 참여하게 되었다. 당시 나는 번역을 계기로 PBL 수업을 해 보던 중이었는데, 이런저런 시행착오를 겪으며 누군가의, 혹은 무언가의 도움이 간절한 시기였다. 2018년 1월, 동료 교사 4명과 함께 PBL의 메카라는 나파의 뉴텍 고등학교로 떠났다.

우리 모두 나름은 수업에 관심이 많은 교사들이고 PBL 수업 경험도 조금은 있었기에 그 방면으로 문외한은 아니라고 생각했지만, 뉴텍에서 3일을 보내면서 그간 우리가 해온 PBL 수업은 설계 단계부터 본질에서 벗어나 있었음을 인정하게 되었다. 수업 설계 때 성취기준과 학습목표가 중요하다는 것을 모르지는 않았으나, 실제 우리가 PBL 수업을 설계할 때에는 아이들을 움직이게 할 참신하고 흥미진진한 문제상황context을 찾거나 만드는 데 사로잡혀 있었다. 또 학생들이 내 교과에서 배워야 할 것을 제대로 배우게 하고 이를 철저히 확인하는 일에 관심이 전혀 없었다면 거짓말이겠으나, 솔직히 그런 일보다는 여러모로 '있어 보이는' 결과물을 완성하는 데 더 의미를 두고 공을 들였던 것도 사실이다.

뉴텍에서의 3일은 너무 짧은 시간이어서 깨달음은 있었으나 아무것도 제대로 마무리하지 못했다는 아쉬움이 컸다. 그러한 아쉬움과 고민을 토로하며 떠나는 우리에게 당시 연수 책임자였던 아론 선생님이 건넨 선물이 바로 이 책이다.

번역을 하면서 이 책을 누가 읽으면 가장 좋을까를 끊임없이 생각했다. 당연히 PBL 입문자에게 도움이 될 것이다. 그러나 PBL 수업을 몇 번쯤 해본 뒤 조금은 안다고 생각하는, 그렇지만 여전히 어떤 식으로든 도움이 필요한 나와 비슷한 처지의 선생님들께 주는 시사점이 더욱 크지 않을까 생각한다. 이 책은 PBL 실천 교사들이 빠지기 쉬운 함정을 지적하고 PBL 환경에서 발생할 수 있는 문제점을 솔직히 인정한 뒤 이를 보완할 방법을 매우 구체적으로 제시하는데, 제대로 설계되어 운영되지 않는 PBL은 오히려 다른 교수법보다 학습효과가 더 떨어질 수도 있다는 저자의 경고는 새겨들을 필요가 있다. 특히 아이들이 어떤 활동에 몰입해 있다는 그 자체에 감동하여 몰입의 질과 내용을 구체적으로 따져보지 않는 교사에 대한 지적은 내게도 아프게 다가왔다. 이미 《프로젝트 수업 어떻게 할 것인가?》를 읽고 비교적 큰 틀에서 PBL을 접한 분들에게는 이 책의 '내부자 관점'과 미시적 접근법이 대단히 도움이 될 것이다.

아울러 소위 '학생 주도' 혹은 '활동 중심' 수업에 거부감을 느끼는 선생님들도 읽어보시면 좋겠다고 생각했다. 그분들의 우려와는 달리

저자의 표현대로 '제대로 설계된' PBL에서는 아이들에게 자료를 던져주고 알아서 해보라고 맡겨버리는 무책임한 일도 발생하지 않으며, 교사로서 우리의 전문성과 학습자로서 우리의 경험을 아이들의 성장을 위해 적극 사용하는 일을 포기할 이유도, 필요도 없기 때문이다.

 물론 이 책은 미국 사례이기 때문에 우리 교육에 그대로 적용하기는 어렵다. 무엇보다 우리나라에서는 PBL 수업을 학교 차원에서 전면적으로 실시할 수 있는 경우를 찾아보기 어렵고, 교사 몇 명의 개인적 차원의 노력에 머무를 수밖에 없는 것이 현실이다. PBL의 성공을 위해서는 특정 문화의 정착이 중요하며 이는 학교 차원의 노력을 요구하는데, 우리나라에서는 이런 일이 어려울 수 있다는 이야기이다. 또한 낙제와 유급 같은 제도 없이 정해진 공간에서 일정 기간 '존재'하기만 하면 자동으로 졸업이 되는 우리나라에서의 PBL 효과는 당연히 다를 것이다. 그럼에도 불구하고 이 책을 소개하기로 마음먹은 이유는 우리 교육에도 울림을 주는 보편적인 메시지가 이 책에 많이 있다고 믿었기 때문이다. 또한 마이클 맥도웰의 지식과 기능의 강조, 그리고 수업 설계와 교사 역할에 대한 문제의식은 PBL 수업을 전제로 한 것이지만, PBL을 비롯한 모든 종류의 탐구중심학습이나 '활동' 중심 수업에도 시사하는 바가 크다. 그러한 함의들이 많은 선생님들 사이에 토론과 토의를 촉발하고, 나아가 누군가의 교실과 학교에 작은 변화를 가져온다면 더욱 바랄 것이 없겠다.

 이 책이 나오기까지 많은 분들의 도움이 있었다. 먼저 이 책에 소개된 타 교과의 지도안을 검토해주신 우리 학교 국어, 수학, 과학과의 홍성만, 조석준, 신혜원 선생님께 진심으로 감사드린다. 이분들 덕분에 책의 수준이 한층 올라갈 수 있었다. 이상철 선생님과 장경원 교수님은 원고를 읽고 기꺼이 추천사를 써주셨다. 얼마나 바쁘신 분들인지 잘 알기에 감사함이 더욱 크다. 고마운 분들을 떠올리다보니 맨 처음《프로젝트 수업 어떻게 할 것인가?》의 번역을 제안하고 나를 PBL의 세계로 이끌었던 김병식, 최선경 선생님까지 거슬러 올라간다. 내가 얼마나 운 좋은 사람인가를 늘 상기시켜 주는 멋진 동료들이다. 번역을 핑계로 주말을 자주 반납했던 나를 변함없이 이해하고 지지해주었던 남편에게도 사랑과 감사를 전한다.

　뉴텍에서 나와 동료들의 경험과 깨달음을 더 많은 분들과 나누고 싶다는 바람이 결실을 맺게 되어 정말 기쁘다. 교실에 배움의 기쁨을 되돌려놓고자 애쓰는 모든 선생님들께 존경과 지지를 보내며 글을 맺는다.

2019년 5월
_ 장밝은

오늘날 문제기반학습problem-based learning(미국에서는 문제기반학습과 프로젝트기반학습이 비슷한 의미로 받아들여지고 사용된다. - 역자 주)은 그 가치를 누구도 부정하지 못할 만큼 광범한 지지를 받고 있다. 이 책에서도 밝히고 있지만 학생 중심 교육, 전문가의 지도와 지원, 실제적 문제해결의 기회, 기계식 암기 학습의 탈피, 자기주도학습 등 PBL은 굉장히 장점이 많은 교수법이다. 게다가 재미까지 있다. 이처럼 PBL의 미덕을 극찬한 책이 시중에 이미 많이 나와 있고, 수백 편의 연구 결과가 PBL의 가치와 학습에 미치는 긍정적인 효과를 입증하고 있는 상황에서 이를 되풀이하는 책이 한 권 더 필요한 이유는 무엇일까?

그 이유는 기존 연구에 쓰인 근거들이 그다지 강력하지 않기 때문이다. 일례로, PBL과 관련된 연구 500편을 분석한 메타연구에 따르면 PBL이 학업성취도에 미치는 평균 효과가 겨우 0.24에 불과한데, 이는 비저블 러닝 목록Visible Learning List(존 하티John Hattie의 메타연구 결과로서, 학습에 영향을 주는 각 요인의 효과크기에 따라 순위를 매긴 목록을 말한다. 하티는 모든 요인의 평균 효과크기가 0.4이므로, 어떤 요인이 학습에 실질적인 영향을 미친다는 판단을 내리려면 효과크기가 0.4는 되어야 한다고 주장하였다. - 역자 주)상의 200가지 요인 중 겨우 140위에 해당하는 성적이다. 이는 PBL의 효과크기가 상당히 작은 편이며, PBL이 최고의 교수법이라는 과도하게 열성적인 주장과도 상반되는 결과다. 심지어 일부 부정적 효과도 있는 것으로 보아 PBL의 효과에는 상당한 편차가 존재한다는 것을 알 수 있다. 뭔가 잘못된 것 같다. 그토록 많은 것을 약속하는 교수법이 평균적으로는 어떻게 이처럼 낮은 효과를 보일 수 있을까?

최근 도너휴와 내가 함께했던 학습 전략 종합연구(Hattie & Dono-ghue, 2016)에서 우리는 이처럼 낮은 효과를 보인 이유가 문제기반학습의 도입 시기와 관련되어 있을 가능성을 밝혀내었다. 우리는 학습 주기를 크게 세 시기-기초(내용) 학습, 심화(관계) 학습, 전이 학습-로 나눌 수 있다는 가정하에 연구를 진행했다. 그 결과 PBL이 기초 지식 습득 단계에서 도입되거나 기초 지식 학습이 충분히 이루어지기 전에 도입되었을 때에는 효과가 거의 0에 가깝거나 심지어 학습에 부정적인 영향을 주기도 하지만, 학생에게 충분한 기초 지식이 있고 좀 더 깊이 있는 개념 학습에 대한 준비가 된 경우에는 효과가 증가하는 것으로 나타났다.

실제로 의과대학에서 고학년으로 갈수록 PBL의 효과가 더욱 커진다는 마크 알바네제와 수잔 미첼의 연구(Albanese & Mitchell, 1993)에 따르면, 필수 기초 지식과 경험의 부족은 학생들의 지식 체계에 더욱 많은 오류를 만들어낸다고 한다. 또 이러한 지식이 부족한 학생들은 전향추론forward reasoning(현재 정보를 이용하여 결론을 찾아나가는 방식. 즉,

환자의 상태와 여러 증상을 바탕으로 질병을 파악하는 방식을 말한다. - 역자 주)을 주로 사용하는 전문가들과는 달리, 자신의 설명이나 논리와는 무관한 자료를 추가하고 후향추론backward reasoning(결론을 가정하고 현재 정보를 거기에 맞춰나가는 방식. 즉, 질병을 가정하고 그 질병의 특징과 환자의 상태를 비교하면서 그 질병이 맞는지를 판단하는 방식을 말한다. - 역자 주)에 의존한다고 한다.

앤드류 워커와 헤더 리어리의 연구(Walker & Leary, 2009) 역시 PBL의 경험이 적은 학생들은 후향추론 방식에 훨씬 더 의존하는 경향이 있는데, 이것이 문제해결 도중 더 많은 오류로 이어지며 이러한 습관은 교육 기간이 끝난 이후에도 지속될 수 있음을 지적하고 있다. 결과적으로 문제기반학습은 학생들이 전향추론 방식을 사용할 때 성공할 가능성이 더 높아지는데, 성공의 여부는 학생이 다양한 요소를 연관지어 이해할 수 있도록 충분한 내용 지식을 갖추고 있는가에 달려 있다고 할 수 있다.

우리는 문제기반학습을 통해 학습이 제대로 이루어지기 위해서는 차별화된 지식 구조가 필요하다(Schwartz & Bransford, 1998)는 점에 주목하였는데, 어쩌면 이러한 지식 구조를 학생들에게 명시적으로 가르쳐야 할지도 모른다. 왜냐하면 학생 스스로 다양한 문제상황 사이의 유사점과 차이점을 알아낼 것이라는 보장이 없기 때문이다. 따라서 자신들에게 주어진 여러 가지 단서를 바탕으로 제대로 된 예측이나 결론을 이끌어내는 방법을 직접 가르칠 필요가 있다. 이를 통해 스스로 발견하기 어렵거나 시간이 많이 걸리는 좀 더 고차원적인 설명

체계를 학생들에게 제공해줄 수 있다. 이러한 고차원적 설명은 자신이 이해한 바를 이미 분석해본 특정 사례를 초월하여 다른 곳으로도 확장시키는 생성 체계를 만들어줄 수 있기 때문에 상당히 중요하다. 한편, 지나치게 구조화된 문제 역시 바람직하지는 않은데, 그렇게 되면 학생들에게 개념적 도구를 찾아보거나 여러 가지 특정 사례를 집중적으로 분석하는 경험을 줄 수 없기 때문이다(Perkins, 2014).

이 책을 읽어야 하는 이유가 바로 여기에 있다. 마이클 맥도웰은 적절한 시기에 적절한 장소에서 제대로 실행하는 것이 PBL 성공의 열쇠라는 점을 매우 설득력 있게 보여준다. 맥도웰은 PART1에서 맥타이와 위긴스를 인용하여 PBL을 비롯한 어떤 교수법이라도 큰 변화를 기대하려면 학생들이 교과의 내용을 이해하고 기능을 사용하여 핵심 내용 지식을 완벽히 이해해야 한다고 주장한다(McTighe & Wiggins, 2013). 또한 불확실한 것들을 공부하면서 무엇을 해야 할지 모를 때 앞으로 할 일을 결정하기 위해서는 학생들에게 충분한 확신과 신뢰가 있어야 한다고 말한다. 그러나 맥도웰은 자신의 주장이 자칫 PBL은 학생들이 "준비가 되"었을 때에만 도입해야 한다는 암시로 비쳐질까 조심한다. 그렇게 되면 이미 "능력이 있는" 학생들에게만 특권을 주는 셈이기 때문이다. 그는 누구나 PBL의 혜택을 충분히 누릴 수 있도록 PBL의 과업과 모둠의 구조를 철저히 분석하였다. PART2에서는 이러한 논의를 세련되게 발전시켜 PBL 설계를 위한 명확한 구조를 제시한다.

정말 위험한 것은 학생들에게 매우 복잡하고 짓궂은 문제를 제시하고는 스스로 해결책을 찾아보도록 내버려둬도 괜찮다는 생각이다. 단언컨대 절대 괜찮지 않다. PBL의 한 과정인 문제problem는 정말 세심하게 만들어야 한다. 또 배움의 "구덩이learning pit"로 왜 들어가야만 하는지는 학습 시작 초반부에 반드시 학생에게 전달되어야 하며, 기초, 심화, 전이라는 학습의 세 단계는 유기적인 관계 속에서 제자리에 있어야 한다.

PBL 실행에 필요한 문화 또한 존재한다. 맥도웰에 따르면 이러한 문화는 활기차고 분주한 북새통도 아니고, 학생 참여를 보장하는 "실제적" 과업에 대한 과도한 의존도 아니며, 세련된 과학기술로 포장된 결과물도 아니다. 이 문화는 바로, 배워야 할 지식 영역의 기초, 심화, 전이 단계를 배우는 일에 대한 명료성과 도전, 그리고 문화에 천착하여 학습에서의 변화를 이끌어내는 데 집중하는 일이다. 나는 문제기반학습의 문제에 대한 이 책의 고찰과 PBL 도입을 위한 최적의 시기와 실행 방법에 대한 고민, 그리고 PBL을 선택해야 하는 이유를 끊임없이 강조하는 점에 특히 박수를 보내고 싶다. PBL은 그 자체로 선(善)이 아니다. 다만 배움이라는 목적을 위해 존재하는 한 가지 바람직한 수단일 뿐이다.

_ 존 하티(John Hattie)
멜버른 대학교 교육학과 교수, 멜버른 교육연구소 소장

　최근 프로젝트기반학습project-based learning이 누리는 엄청난 인기를 실감하는 사람이라면 누구나 우리가 PBL의 황금기에 들어섰다고 생각할 것이다. 언론의 극찬을 받으며 소개되는 여러 사례 속에는 PBL 교실에서 현실 세계의 문제와 씨름하는 학생들의 멋진 이야기들이 펼쳐진다. 샌디에이고 소재 하이테크 고등학교High Tech High School의 사례를 다룬 장편 다큐멘터리 "Most Likely to Succeed"(Dintersmith & Whiteley, 2015)는 야심찬 프로젝트와 씨름 중인 사려 깊은 교사와 열성적인 학생들의 모습을 집중 조명하여 일반 시청자들에게도 이 교수법을 알리는 데 일조하였다. 또 1,130억 원 상당의 자선 사업인 "XQ 슈퍼 스쿨 프로젝트"는 미국 교육의 근본적인 변화를 목표로 고등학교 10개의 개교를 추진 중인데, 이 프로젝트에 응모한 700개의 제안서 중 전문 심사단이 선정한 거의 모든 학교가 어떤 식으로든 PBL을 포함하고 있을 정도이다. PBL 시범학교 연합인 디퍼 러닝 네트워크Deeper Learning Network는 다양한 연수를 개최하고 연구 결과를 축적하면서 이 분야를 꾸준히 발전시키고 있다. 한편 학생들의 성공적인 미래를 대비하는 전략으로 우수한 PBL을 내세우는 벅 교육협회Buck Institute for Education : BIE는 전문성 계발에 대한 기하급수적인 수요를 경험하고 있다.

그러나 이 모든 인기에도 불구하고, 나는 PBL의 성장이 이제 시작에 불과하다고 말하고 싶다. 내가 추산한 바로는 PBL을 주요 교수법으로 채택한 학교에 다니는 미국 학생은 단 1%에 불과하다(Boss & Krauss, 2014). PBL을 전면적으로 실시하는 교육 기관 외에도 많은 학교와 교육구에서 기존의 교육 방식과 함께 프로젝트기반학습을 간혹 활용하는 방식으로 도입한다. 이들의 공통된 목표는 학생들에게 최소한 몇 가지 프로젝트 경험을 제공하여 국립연구회의National Research Council가 21세기 필수 성공역량으로 밝힌 지식과 기능을 습득시키는 데 있다. 이러한 역량을 개발하는 학생들은 배운 것을 활용하여 다른 문제도 해결할 수 있으며, 따라서 직업인으로서, 그리고 시민으로서 겪게 될 미래의 어려움에 대비할 수 있을 것이다(National Research Council, 2012).

이런 장밋빛 전망에도 불구하고 어째서 PBL은 더 확산되지 않을까? 답은 간단하다. PBL을 제대로 실시하기가 어렵기 때문이다. 오늘날 교직에 있는 사람들 대다수는 과거 자신이 학생이던 시절에 이런 유형의 교육을 경험하지 못했다. 사범대학 교육과정에서 PBL 교수 전략이 강조된 것도 최근의 일이다. 이 말은 곧 교사들이 PBL "근육"을 기를 필요가 있으며, 자신이 어떻게 교육과정을 설계하고 수업과 평가를 해나가는지 재고하는 과정에서 성장통을 경험하기도 한다는 뜻이다. 질적 수준 점검용 지표를 무시하고 개발된 프로젝트는 학생에게 즐겁고 흥미로운 경험을 줄 수 있을지는 몰라도 학업적 가치는 떨어질 수 있다. 형편없이 설계되어 운영되는 프로젝트는 소중한 수업 시간을 낭비하고 엉뚱한 곳에 에너지를 쏟게 하며 학습목표의 달성을 방해하기도 한다(Larmer, Mergendoller & Boss, 2015).

이 책을 통해 마이클 맥도웰은 '어떻게 하면 PBL을 제대로 실시할까?'라는 중요하고도 시의적절한 이야기를 꺼내고 있다. 그는 PBL을 전면적으로 실시하는 학교의 관리자이자 전직 교사로서 프로젝트기반학습에 대한 내부자의 관점을 보여준다. 서론에서 스스로 인정하였듯이 그는 PBL의 열혈 팬이며, PBL을 모든 아이들이 누려 마땅한 "아름다운" 교육 방식이라고까지 표현한다. 그러나 동시에 목적을 내용에 두고 이를 깊이 있게 다루기보다는 그저 "결과물을 완성"하는 것만 강조하는 프로젝트의 문제점을 알게 되었음을, 심지어 자신의 수업에서도 그러한 문제점을 발견하였음을 고백한다. 그는 PBL이 학생의 성취도에 있어서 비교적 효과가 낮다고 지적한 존 하티 등의 연구결과를 인정한다.

PBL의 학습 성과를 높이기 위해 맥도웰은 PBL의 세 글자 중 정확히 L(Learning)에 방점을 찍는다. 그는 '어떻게 하면 기초, 심화, 전이 단계에서 학습 성과가 극대화되도록 PBL을 설계할 수 있을까?', '어떻게 하면 우리는 학생들이 학습의 목적과 현재 위치, 그리고 자신에게 필요한 다음 단계를 확실히 이해하여 학습을 진행시키도록 도와줄 수 있을까?'와 같은 어려운 질문을 회피하지 않는다. 또한 연구결과를 동원하여 학생들이 학습자로서의 자신감과 역량을 기를 수 있도록 교사들이 취할 수 있는 실질적인 조치를 제시한다. 물론 그가 제안하는 교수 개입의 효과크기를 밝히기 위해서는 더 많은 연구가 이루어져야 할 것이다.

PBL이 전 세계적인 인기를 얻고 있는 이 시기에 맥도웰은 여러 가지 면에서 엄하지만 애정 어린 메시지를 준다. 나는 모든 학생들이 자신이 받는 교육 안에서 의미와 도전을 찾기를 바라는 PBL 지지자 중 한 명으로서, 프로젝트가 학생들의 호기심을 자극하고 학습 과정에서 더 큰 목소리를 낼 수 있게 돕는 것을 여러 번 반복해서 목격해왔다. 악화일로에 있는 학생의 학습 참여를 높이고 좀처럼 없어지지 않는 학력 격차를 줄이기를 바라는 사람들에게 이런 일들은 정말 중요한 성과이다. PBL이 가끔씩만 성과를 내거나 특정 학습자에게만 성과를 내는 일이 절대로 발생하지 않도록 할 것을 요구하는 맥도웰의 조언은 정말 탁월하다. PBL의 세(勢)가 계속해서 확장되고 성숙해가는 지금 이 충고는 새겨들을 가치가 있다.

_ 수지 보스(Suzie Boss)
《학교 혁신》,《새로운 프로젝트기반학습》 저자

Contents

이 책에 등장하는 용어의 개념

- **기초 학습(Surface learning)** 단일 및 다수의 사상이나 기능을 이해하는 수준의 학습 단계

- **도입활동(Entry event)** 학습목표, 성공기준, 탐구질문, 문제상황, 과업의 기대치 등을 학생들에게 명확하게 알려주는 다양한 형태의 프로젝트 설명서. 탐구질문에 대한 답을 원하는 개인 혹은 집단(의뢰인)을 소개하기도 한다.

- **디저트 PBL(Dessert PBL)** 먼저 내용과 기능 습득에 집중한 뒤 이를 프로젝트에 적용하는 방식으로 운영되는 PBL (↔ 메인 요리 PBL)

- **메인 요리 PBL(Main course PBL)** PBL로 한 단원을 시작하여 프로젝트 내에서 내용과 기능을 가르치는 접근법 (↔ 디저트 PBL)

- **문제상황(Context)** 프로젝트에서 학생들이 만나게 되는 상황이나 프로젝트의 배경

- **배움의 시련(Learning challenge)** 배움의 구덩이(learning pit)를 수반하는 일련의 학습 과정에 대한 은유적 표현으로, 학습자가 자신의 사전 지식이나 현재 가지고 있는 생각과 배치되는 사상이나 기능을 이해하는 데 어려움을 겪는 과정을 말한다.

- **비평 친구 모임(Critical friends team)** 학생의 실력과 발전 수준을 향상시키기 위해 일상적이고 전략적인 활동을 함께 해나가는 교사들의 모임. 학생의 수행 데이터를 검토하고 이를 근거로 수업의 문제점과 성공 여부를 판단하고 학생의 성장과 성취도를 높이기 위한 다음 실천 과제를 결정하는 데 주력한다. 이 집단은 구조화된 프로토콜, 지침이나 규범, 대화, 교내·외 연수 등을 통한 전문성 신장을 위해 함께 노력한다.

- **성공기준[Success criteria]** 학습목표의 달성을 위해 학생들이 학습의 기초, 심화, 전이의 각 단계에서 무엇을 보여주어야 하는지를 명시한 진술문

- **심화 학습[Deep learning]** 여러 가지 사상과 기능을 연결하여 이들 사이의 관계 및 해당 교과의 일반적 규칙이나 원리를 종합적으로 이해하는 수준의 학습 단계

- **워크숍[Workshop]** PBL에서는 프로젝트 중에 이루어지는 수업을 일반적으로 워크숍이라 부른다. 워크숍은 모든 학습 단계의 각 학습목표에 맞추어 개발되며, 학습 단계에 따라 체계적으로 배열된다.

- **인지적 긴장[Cognitive tension – 인지 부조화, 인지 격차]** 이전에 이해한 것과 현재 배우고 있는 내용이나 기능 사이의 불일치 상태

- **전이 학습[Transfer learning – 사상과 기능의 확장]** 심화 단계의 지식과 기능을 단일 교과와 상황은 물론 다양한 교과와 상황에 적용하는 수준의 학습 단계

- **탈맥락 학습목표[Decontextualized learning objective]** 프로젝트의 문제상황이 완전히 배제된 순수한 학습목표

- **탐구질문[Driving question]** 학생들을 학습목표와 프로젝트의 문제상황에 적응시키는 질문으로 프로젝트를 시작할 때 제시된다.

- **프로젝트 개시[Project launch]** 프로젝트 전이 단계의 학습목표가 학생들에게 소개되는 단계로 현재 학생들이 프로젝트의 기초, 심화, 전이 각 단계에서 요구되는 역량을 어느 정도 지니고 있는지를 평가한다.

- **학습목표(Learning intentions)** 학생이 알아야 할 것(즉, 내용)과 할 수 있어야 하는 것(즉, 기능)을 명시적으로 설명한 간략한 진술문. 학습목표는 프로젝트 설계의 모든 단계에서 참고하는 기준이며, 교사 및 학생이 프로젝트가 진행되는 동안 계속해서 참고하는 구심점 역할을 한다.

- **형성적 평가(Formative assessment)** 평가를 통해 학생의 상태를 파악한 후 이를 활용하여 현재의 수업을 조정하는 계획적인 과정을 말한다. 학생들이 피드백과 수행 결과를 활용하여 자신의 학습 전략을 수정하는 일 역시 형성적 평가의 한 과정이다.

- **형성적 교수(Formative teaching)** 교사가 몇 가지 질문을 하여 학생의 수행 수준에 대한 정보를 이끌어낸 뒤, 이를 바탕으로 수업과 관련된 의사결정을 내리는 계획적인 과정을 말한다.

- **효과크기(Effect size)** 시간 경과에 따른 학생의 발전에 있어서의 변화 규모, 또는 어떤 변인(가령 숙제와 같은)이 학생의 학업성취도에 미친 영향의 정도를 보여주는 데 흔히 사용되는 척도를 말한다. 효과크기를 사용하면 연구자와 현장 교사는 연구 대상이 되는 집단이나 연구 시기, 그리고 평정 방식이 다르더라도 그 결과들을 서로 비교할 수 있다. 어떤 교육적 개입이 가치 있다고 인정되려면 그 변인이 학생의 성취도에 미친 규모가 최소한 0.4가 되어야 한다. 즉, 효과크기 0.4는 효과의 유무를 가르는 기준점으로, 0.4를 초과하면 효과가 있고 0.4 아래로는 효과가 없다고 본다.

학습 효과를 높이는
세 가지 설계 혁신

매사에 오랫동안
당연시하던 것들에
가끔 물음표를 달아보는 일은
좋은 현상이다.

– 버트런드 러셀(Bertrand Russell)

Intro

...

나는 왜
PBL의 열성 팬이
되었나?

Project Based Learning

● 한 살과 여섯 살, 두 아이를 둔 나는 여느 부모나 교육자와 같은 바람이 있다. 그것은 내 아이들을 실력 있는 학습자로 키우고 싶다는 소망이다. 나는 내 아이들이 건전하면서도 다양한 지식과 기능을 갖추어 21세기 사회에 즐기면서 참여하고 또 그곳에서 성공했으면 한다. 더불어 사회 정의에도 깊은 관심을 갖고 다른 사람과 연대할 수 있으면 좋겠다는 바람도 있다. 이런 소망이 이루어지려면 내 아이들은 문제기반학습이나 프로젝트기반학습과 같은 매력적인 학습 환경에서 공부해야 할 것이다. 그 이유는 제대로 설계되어 실행되는 PBL이야말로 학습에 가장 강렬하고도 영속적인 영향을 줄 잠재력을 가졌기 때문이다. 더욱이 PBL을 통해 학생들은 다음과 같은 혜택도 얻을 수 있다.

- 학습에 대한 주인의식
- 자신의 배움이 다른 사람들에게 영향을 줄 수 있음을 직접 경험
- 협업의 장점에 대한 이해
- 실생활의 문제를 적극적으로 해결하려는 자세
- 누구나 높은 수준의 학습이 가능하다는 믿음
- 엄청나게 복잡한 인간과 사상ideas의 다양성에 대한 이해
- 21세기 학습의 게슈탈트gestalt를 구성하는 지식과 기능을 개발하는 능력

나는 내 자녀를 비롯한 모든 아이들이 학생 자신은 물론, 자신이 속

한 공동체의 중요하고 현실적인 문제를 위해 자신의 능력을 사용해보는 교육적 경험을 가져야 한다고 믿는다. 또한 자신이 하는 일의 목적을 찾고 싶어 안달이 났으면 좋겠고, 공부에서도 삶에서도 자율성을 지닐 수 있으면 좋겠다. 초등학교에서 대학을 마칠 때까지, 직장 생활에서, 그리고 가족과 시민 사회의 일원으로 참여하는 일에도 열정과 목적의식을 불어넣기를 바란다.

그런 점에서 PBL이 지닌 잠재력은 아름다울 정도이다. PBL은 끝없이 다채로운 방식으로 학습자를 학습에 참여시키고, 누구나 자신의 학습에 주인이 되어야 하고 또 그렇게 될 수 있다고 믿으며, 현재 자신이 살고 있는 세상에 공헌하고 영향을 줄 수 있다고 전제하기 때문이다. 그러나 그러한 성과를 내기 위해서는 프로젝트 설계에 구체적인 변화가 있어야 한다. 이 책의 목적은 교사들이 프로젝트를 설계할 때 열정과 확신을 갖고 자신의 수업에 적용할 수 있는 혁신 방안을 제시하여 학생의 학습에 의미 있는 변화를 가져오게 하는 데 있다.

PBL의 정의 ───

● PBL은 "계획과 설계, 문제해결, 의사결정, 결과물의 창출과 공유 같은 복잡한 여러 과업의 집합체"로 정의할 수 있다(Mergendoller, Markham, Ravitz, & Larmer, 2006). 이 책에서는 프로젝트기반학습과 문제기반학습을 사실상 같은 말로 취급할 생각이다.

존 토머스(John Thomas, 2000) 역시 "다수의 문제기반학습 연구에서 프로젝트기반학습의 결정적인 특징들이 관찰된다"고 주장하였는데, 그 특징은 다음과 같다(Gijbels, Dochy, Van den Bossche, & Segers, 2005).

- 학생 중심 학습이다.
- 학습이 모둠으로 이루어진다.
- 촉진자나 안내자의 역할을 하는 존재가 있다.
- 학습의 초반부에 실제적인authentic 문제가 제시된다.
- 학습자가 맞닥뜨리게 되는 문제들은 결국 그 문제를 해결하는 데 필요한 필수 지식과 문제해결능력을 습득하기 위한 도구(수단)이다.
- 새로 접하는 정보는 자기주도학습으로 습득한다.

이 책의 목적은 교사들이 학습에 대한 방대한 종합적 연구 결과를 활용하여 자신의 프로젝트 설계와 실행 능력을 높일 수 있게 돕고, 나아가 학생의 학습에 대한 자신감과 학업 역량에 큰 영향을 미치도록 하는 데 있다. PBL은 아직까지 그 잠재력을 완전히 발휘하지는 못하고 있는데, 그 이유는 아마 PBL이 몇 가지 잘못된 통념에 의해 움직이는 경우가 많아서일 것이다. 이러한 통념들은 활동의 초점을 흐려 핵심 학습 내용을 배우는 일에서 멀어지게 만들며, 학습에 대한 자신감 형성을 방해한다.

PBL에 대한 오해와 진실 ─────

_ "강단의 현인"과 "주변의 조력자"라는 이분법

수업 중 교사의 역할에 대해 우리는 "강단의 현인" 또는 "주변의 조력자" 중 한쪽만 선택해야 한다는 이분법적 통념을 갖고 있다. 이러한 잘못된 접근은 교사들을 호도한다.

교사의 역할을 촉진자(혹은 조력자)로 보는 접근법은 PBL 환경에서 매우 높이 평가되는 것이 사실이다. 하지만 그러한 역할 자체가 학생의 학습에 미치는 영향은 미미한 편이다. 한편 교사를 전지전능한 존재로 보는 접근법 역시 시범이나 교사의 지도하에 이루어지는 연습과 이해 점검 등의 장치 없이 교사의 일방적인 강의로 이루어지게 되면 그 반대의 경우만큼이나 학습효과가 낮다(Hattie, 2009).

오히려 교사는 역할에 있어서 대단한 유연성을 발휘해야 한다. 학습목표를 끊임없이 명확히 하고, 학습 수준을 파악한 뒤, 그렇게 수집한 학생의 수행 데이터를 바탕으로 학습자의 요구에 부응하는 지도 계획을 세워야 한다. 앤드류 라슨(Andrew Larson, 2016)은 이에 대해 다음과 같이 지적했다.

배울 내용에 대한 적절한 체계가 없는 아이들에게 스스로 공부하라고 요구하는 것은 무책임한 일이다. 우리의 지식과 경험, 그리고 전문성을 활용해서 학생들이 어떤 개념이나 기능, 혹은 역사적 사건을 이해하도록 도와주는 일을 왜 망설이거나 포기해야 하는가? 물론 아이들에게 비판적 사고, 적용, 평가, 종합과 같은 고등사고능력을 활용하도록 요구할 수 있으며 또 당연히 그렇게 해야 한다. 그렇지만 교사는 이런 일을 가능하게 하는 환경과 체계를 먼저 제공해야 한다. 그렇지 않으면 우리 아이들을 일관성도 없고 의미도 없는 사상이나 오개념을 잔뜩 지닌 사람으로 길러내는 위험을 감수해야만 한다.

학습 과정의 초기 단계에 있는 학생들에게는 보다 지시적인 교수법이 필요한 경우가 많다. 이 단계에서 교사는 학생을 직접 가르치고 구체적인 피드백을 제공한다. 학습이 후반부로 진행되면서 교사의 역할은 자원의 제공이나 자기 성찰적 질문을 활용한 피드백의 제공, 학습 결과 공유 방식을 결정할 기회를 제공하는 쪽으로 점차 변모해간다.

_ 해보기만 하면 학습이 일어난다?

PBL 교실에 만연한 또 하나의 미신은 바로 학생들이 뭔가를 "행하면서 배운다learn by doing"는 생각이다. 이런 생각에는 대단히 복잡한 학습을 극도로 단순화시킬 위험이 도사리고 있다. 이런 방식의 학습은 학습자가 가지고 있는 사전 지식의 영향을 많이 받으며, 학습 성과 또한 학생에 따라 엄청나게 달라진다. 따라서 제대로 된 지원 체계 없이 단순히 뭔가를 해보는 것만으로는 학습이 불가능하다.

_ 교사들은 프로젝트의 전문가가 되어야 한다?

PBL과 관련된 전문성 계발은 주로 모둠 편성, 교과 내용과 무관한 문제해결 전략과 교수법, 프로젝트의 독창성, 학생의 자발적인 지식 습득 도구 제공 등에 집중되는 경향이 있다. 물론 교사들은 이런 연수를 통해 학생들이 프로젝트를 진행하면서 자신들이 찾아낸 문제에 대한 해결책을 어떤 식으로 발표할지 결정하고, 필요한 자원을 탐색하고, 전문가와 상의하여 문제를 이해하고 해결하는 과정을 지원할 여러 가지 도구를 제공받기도 한다. 프로젝트의 질적 수준 관리와 관련해서 교사들은 주로 학생에게 제시할 문제의 실제성authenticity이나 독창성과 같은 속성이나 조 편성 방법, 그리고 결과물을 공유하는 방법, 정보 이용 방법과 같은 요소에 상당한 시간과 공을 들인다. 요컨대, 전문성 계발의 무게 중심이 대체로 프로젝트의 운영이나 과정, 그리고 모둠 내 상호작용 및 분위기에 있다. 다시 말해 "프로젝트" 자체와 학생들이 프로젝트의 전 과정을 끝내게 하는 일을 중시한다는 뜻이다.

그러나 나는 프로젝트기반학습이라는 말에서 가장 강조되어야 하는 것은 "프로젝트"가 아니라 "학습"이라고 생각한다. 교사가 자신이 가르치는 학생들이 일정한 기간에 걸맞은 분량의 학습 내용을 배우면서 이를 뛰어넘는 이해와 실천 역량을 반드시 기르도록 지원하는 것이야말로 수준 높은 프로젝트라 할 수 있다. 이를 실현하기 위해 학생들이 반드시 조별로 공부를 해야 하거나 교사가 개인 교사처럼 도움을 주어야 하는 것은 아니다. 자기주도학습 역시 반드시 학생 혼자서 새 정보를 습득하는 것을 의미하지는 않는다. 오히려 내용에 따라서는 새로 접할 때 지시적인 방법이 더 효과적일 수 있다. 프로젝트에 있어서 관리와 운영이 반드시 필요하기는 하지만, 이는 핵심 내용을 학습하고 자신감을 기르는 일에 비하면 부차적인 문제에 불과하다.

_ 프로젝트의 위상에 따라 학습효과가 달라진다?

학습은 프로젝트의 위상이 '메인 요리$_{main\ course}$'인가 '디저트$_{dessert}$' 인가보다는 어떻게 설계되는가에 영향을 받는다. 이에 관해서는 PART3~5에 소개된 "세 가지 설계 혁신 : 명료성, 도전, 문화"를 참고 하기 바란다.

PBL은 학습과 학습에 대한 자신감을 중시한다 ──

● 이 책의 목적은 교육자들이 내용 문해력$_{content}$ $_{literacy}$(특정 교과 내용을 읽고 이해하며 그 교과에 대한 글을 작성하는 능력으로, 이를 위해서는 일반적인 문해력과 내용 특수 문해력, 내용에 대한 사전 지식이 필요하다. – 역자 주)(McKenna & Robinson, 1990)과 학습에 대한 자신감을 획기적으로 높이는 방법에 대해 특별히 관심을 가질 수 있도록 돕는 데 있다. 특히 학생들이 기초, 심화, 전이 단계의 내용 지식과 기능을 균형 있게 습득하도록 하고, 자신의 학습에 주도권을 가질수 있는 실용적인 절차를 교육자들에게 차근차근 보여준다. 이를 위해 교사들은 학생들이 중요한 학습 내용을 확실히 익히고, 엄격하고수준 있는 활동을 통해 더욱 높은 이해 수준에 도달할 수 있도록 직접교수를 비롯한 구체적인 방안을 마련해야 한다. 예를 들면 학생이 현

재 학습목표와 관련한 내용을 어느 정도 알고 있는지를 명확히 밝혀 그에 맞는 수업을 제공하는 데 더 많은 시간을 투자해야 한다. 또한 PBL 환경에서는 단지 컴퓨터의 내용을 자르고 붙이고 꾸미는 일보다는 읽고 쓰고 말하는 활동이 강화된 프로젝트를 설계해야 한다. 이 책을 읽고 나면 학생의 수행을 평가하여 자신의 교수 행위를 조정하는 한편, 학생들이 기초 단계에서 배운 내용을 프로젝트의 큰 질문들을 해결하는 데 활용하도록 도움을 주는 여러 가지 방법을 터득하게 될 것이다.

우리가 하는 일은 온전히 아이들의 학습에 집중되어야 하며, 이것이 바로 이 책의 주요 목적이다. 이 책은 학생의 내용 지식과 기능을 획기적으로 향상시키고 동시에 학습에 대한 자신감을 기르는 데 주력하는 프로젝트를 어떻게 설계하는지를 보여주고자 한다. 또한 이 책을 통해 교사와 학습자는 학습효과를 증명하는 타당하고 믿을 수 있는 증거 자료를 수집하는 방법을 알게 될 것이다. 이 책은 주로 '명료성', '도전', '문화'를 논하는데, 이는 학생의 자신감(성장형 사고방식, 평가 능력, 협업 능력)과 역량(기초, 심화, 전이)을 향상시킬 수 있는 프로젝트를 설계할 때 요구되는 중요한 세 가지 혁신이다. PBL은 제대로 설계되어야만 모든 학습자에게서 의미 있는 성과를 기대할 수 있다는 점을 명심하기 바란다.

PBL의 혜택을 누구나 누리도록 ——

● 이 책에서는 PBL이라는 교수법이 가진 한계와 그에 대한 극복 방안도 다룬다. 학습 초기 단계에서는 PBL이 학업성취도에 미치는 효과가 미미하다는 사실이 재차 확인되었다(Hattie, 2009). 기초 지식과 기능이 필요한 단계에서는 탐구 중심이나 촉진facilitation 위주의 접근법은 효과가 낮다. 실제로 문제기반학습과 프로젝트기반학습은 이 단계에서 가장 효과가 낮은 교수법 중 하나이다.

이렇듯 학습의 초기 단계에서 큰 효과를 내지 못하는 교수법으로 인해 어려움을 겪는 학생들이 많다. 그러나 동시에 이러한 수업이 제공하는 높은 기대나 도전, 기회 등의 혜택을 누릴 수 없어 피해를 보는 경우도 있다.

마틴 하버만(Martin Haberman, 1991)은 〈빈곤 계층의 교육학에 대한 대안(The Pedagogy of Poverty Versus Good Teaching)〉이라는 글에서 특권층에게만 제공되는 특정 교수법이 존재한다고 주장하였다. 하지만 특정 집단에 속한 학생들에게만 수준 높은 학습 방법을 누리게 한다면 이는 결국 타고난 환경에 따라 사람을 차별하는 논리를 지속시키는 일이다. 따라서 소위 "준비된" 사람에게만 PBL 수업을 제공하는 일은 매우 위험하다. "준비"라는 담론은 편견과 이어져 있는 경우가 대부분인데, '우리 학생들은 이런 공부를 할 수 없어'라는 생각은 실제로 그런 결과를 만들어내기 때문이다. 이처럼 아이들의 배움은 어른들이 아이들을 어떻게 구분하는지에 따라 영향을 받기도 한다.

어른이나 아이나 다양한 상황에서 비판적으로 사고하면서 현실의 문제를 해결하기 위해서는 상당한 배경지식과 기술이 필요하다. 또한 높은 기대와 지지가 뒷받침되어야 하며, 수준 있는 내용도 접할 수 있어야 한다. 다시 말해, 21세기에 필요한 비판적 사고력을 요하는 다채로운 과업과 상황을 해결할 능력을 기르기 위해서는 누구에게나 기초적인 학습과 심화 학습이 모두 필요하다. 이것이 교사들이 직면한 난제이다. 이를 위해 심층학습모형 같은 어려운 수업에서도 기초 학습과 심화 학습을 극대화하여 누구나 PBL이 주는 기쁨과 학업적 성과를 누릴 수 있도록 해야 한다는 것이 이 책의 핵심 주장이다.

세 가지 설계 혁신 : 명료성, 도전, 문화 ———

● PBL에 관한 오래된 통념이 있다. 바로 PBL을 통해 학생들이 수준 높은 내용과 기능을 익힐 수 있는지의 여부가 PBL의 위상에 따라 결정된다는 것이다(Larmer & Mergendoller, 2010).

소위 '메인 요리main course' 접근법에서는 PBL로 단원을 시작하고 그 프로젝트 안에서 내용과 기능을 가르쳐야 한다. 반면 '디저트dessert' 접근법은 교사가 먼저 내용과 기능을 꼼꼼히 가르치고 실력을 기르게 한 뒤, 이를 프로젝트에 적용하게 하는 방식이다. 프로젝트의 위상에 집착하는 것은 PBL 업계에서 흔히 찾아볼 수 있는 미신인데, 이는 우리로 하여금 학습에 집중하지 못하게 만드는 잘못된 생각이다.

'메인 요리' 접근법이 PBL 분야에서 가장 인기도 있고 권장되는 방식이므로 이 책에서도 이를 소개하고 있기는 하지만, 사실 PBL이 '메인 요리'냐 '디저트'냐 하는 것은 학생의 학습이라는 측면에서 그다지 중요하지 않다. 정말 중요한 것은 학습목표learning intentions와 성공기준success criteria의 명료성이며, (학생 평가 자료를 바탕으로 필요한 수업을 실시하여) 학생의 현재 학습 수준에 맞는 자극과 도전을 제공하는 것, 그리고 학생들이 스스로 학습에 대해 주인의식을 가지는 한편 서로에게 좋은 학습 자원이 되기 위해 노력하는 문화를 보장하는 일이다. 간단히 말해 성공적인 프로젝트의 필수 요소는 명료성, 도전, 문화라고 할 수 있다.

PBL에서 학습에 주력하려면 처음부터 이 세 가지 혁신을 염두에 두고 프로젝트를 설계해야 한다. 이 세 가지 변화를 간단히 정리하면 다음과 같다.

_ 설계 혁신 l : 명료성(Clarity)

학생은 자신이 무엇을 배우게 될 것인지, 학습 과정에서 자신의 수준은 어느 정도인지, 그리고 학습을 진행시키기 위해 필요한 다음 단계가 무엇인지를 분명히 알고 있어야 한다. 프로젝트의 문제상황context보다는 내용 지식을 이해하고 기능을 사용하는 일이 더 중요하게 다루어져야 한다.

_ 설계 혁신 Ⅱ : 도전(Challenge)

학생들은 기초, 심화, 전이 지식을 균형 있게 갖추어야 하며 내용을
완전히 이해하여 실생활의 어려운 문제에 이를 적용할 수 있어야 한
다. 또한 내용 복잡성의 수준에 따라 교수 개입과 과업, 피드백은 달
라져야 한다.

_ 설계 혁신 Ⅲ : 문화(Culture)

학생들은 자신의 배움에 대해 이야기할 수 있어야 하고, 이를 모니
터하여 자신의 학습을 위해 이후에 필요한 조치를 스스로 결정할 수
있어야 하며, 이러한 노력을 중시하고 모범을 보이는 문화의 일원이
될 수 있어야 한다.

● ● ●

이 책은 앞서 밝힌 세 가지 혁신의 필요성을 역설하는 수많은 연구
결과를 비롯하여 PBL의 지지자를 포함한 다양한 현장 실천가들의 입
장을 소개한다. 명료성, 도전, 문화에 역점을 둔 프로젝트 설계 도구와
방법은 이 책을 읽는 여러분이 '그런대로 괜찮은' 설계자에서 '훌륭
한' 설계자로 거듭나는 데 도움이 될 것이다.

학습 효과를 높이는
세 가지 설계 혁신

가르침과 배움의 관계를 이해하려면
그 배움과 가장 가까운 곳에서
시작해야 한다.
그곳은 바로 학생의 경험이다.

– 그레이엄 너텔(Graham Nuthall)

Part 1

학습에 대한
자신감과
역량을 중시하는
PBL

Project Based Learning

● 마린 카운티Marin County의 구불구불한 산맥 한 자락에 써 프랜시스 드레이크Sir Francis Drake High School라는 고등학교가 있다. 이 학교에 근무하는 몰 선생님에게 학생들과 학업에 관해 이야기 나누는 일은 매우 자연스러운 일상이다. 학생들은 몰 선생님과 함께 자신의 학업 성적을 꼼꼼히 되짚어보고 친구들과도 이에 대해 자유롭게 이야기한다. 그 과정에서 학생들은 다른 사람의 조언을 구하기도 하고, 앞으로 할 일을 함께 구상하기도 한다. 학생들은 이런 과정을 중요하게 생각하며 언제든 다른 사람의 비판을 받아들일 마음의 준비도 되어 있다. 목표를 달성하기 위해 한 가지 전략에 진득하게 매달리기도 하지만 때로는 더 나은 결과를 위해 다른 전략을 받아들이기도 한다.

이 학교의 학생들은 현재 공부하는 내용이 학습의 어느 단계에 있으며, 자신의 학습 수준이 어느 정도인지 명확하게 설명할 수 있다. 예를 들어, 자신이 현재 기초 단계surface level의 지식을 공부하는 중인지, 지식을 다른 개념과 연결하는 중인지, 아니면 공부한 내용을 다른 문제에 적용하고 있는지를 설명할 수 있다. 학생들은 자신의 학습 수준과 깊이는 물론 현재 배우는 내용이 전체 학습목표와 어떤 연관성이 있으며, 실력을 높이기 위해서는 어떤 조치가 필요한지도 이야기할 수 있다. 즉 자신이 어느 단계에 있으며, 어디로 가고 있는지, 또 다음에 무엇을 해야 할지 정확히 알고 있다는 뜻이다.

아이들의 학습이 진행되는 동안 몰 선생님의 역할은 대단히 중요하다. 학습 결과를 정기적으로 점검해서 피드백을 제공하고, 학생 스스로 자신이 사용하는 학습 전략의 실효성을 평가하도록 유도하기도 하며, 다른 친구들의 학습에 어떤 영향을 주었는지에 대해서도 돌아보게 한다. 몰 선생님과 아이들 사이에는 배울 내용의 범위와 깊이, 학습에 도움이 되는 전략, 실패에 대처하는 자세 등 학습에 도움이 되는 환경 조성을 위한 지침, 피드백 주고받기를 위한 효과적인 대화 수단 등에 대해 충분한 공감대가 형성되어 있다.

수업을 들었던 학생들은 학기 말에 다음과 같은 수업 소감을 남겼다.

"이 수업에서 나는 내 수준을 솔직히 드러낸다. 이런 평가 방식 덕분에 나는 '구덩이(제임스 노팅험James Nottingham의 'learning pit'을 가리키며 일종의 인지적 갈등 상태를 뜻한다(PART5의 p.215 참고). 새로운 개념을 배우기 위해서는 기존에 알고 있던 것과 새로 알게 된 것 사이에 갈등이 생기게 되어 학습자는 일시적인 혼란 상태에 빠지게 되는데, 이를 'pit'이라고 표현하였다. 노팅험은 이 혼란 상태가 학습자를 생각하고 탐구하게 만들기 때문에 인지적 성장을 위해 중요한 단계라고 보았다. - 역자 주)' 안에 있어도 전혀 불안하지 않았다. 내가 거기에 갇혀 있는 것이 아니며 결국은 스스로 빠져나올 수 있다는 것을 알고 있기 때문이다. 내가 성장할 수 있다는 믿음을 가질 수 있도록 선생님은 많은 일을 해주셨다. 그 모든 것에 진심으로 감사드린다."

"이 수업을 듣기 전에 나는 힘든 일을 감내할 생각이 전혀 없었기 때문에 그런 일에 익숙해지는 데 한참이 걸렸다."

"이제는 스스로 빠져나올 수 있다는 것을 알기 때문에 구덩이 안에 있을 때에도 편안함을 느낀다! 다른 수업에서도 이러면 좋을 텐데."

"학기 초에 나는 쓰기 과제에서 4점 만점에 1점을 받는 수준이었다. 하지만 수업 중 선생님의 지도를 받고 연습을 많이 한 결과 최종 과제에서는 4점을 받았다. 다음 학기에도 더욱 발전하고 싶다."

학습의 자신감을 이루는 핵심 속성 ──

● 이러한 경험과 학생들의 소감은 학습에 대한 자신감과 직결되어 있으며, 시모어 페퍼트Symour Papert의 "아이들에게 가장 필요한 지식은 더 많은 지식을 습득하도록 도와줄 지식이다"(Way & Beardon, 2003에서 재인용)라는 말과 일맥상통한다. 몰 선생님의 수업을 들었던 학생들이 작성한 내용에서 눈에 띄는 것은 성장형 사고방

· · · · · · · · · 학습에 대한 자신감 · · · · · · · · ·

성장형 사고방식	평가 능력	협업 능력
유능한 학습자의 특성을 잘 알고 있으며, 자신과 친구들이 발전할 수 있다고 믿는다.	자신의 학습 방식을 알고 학습 증진 방법을 이해하며, 그러한 정보를 이용하여 더욱 발전한다.	동료들 사이의 소통이 지닌 힘을 이용하여 자신은 물론 다른 이들의 학습을 증진시킨다.

식growth mindset, 평가 능력assessment capabilities, 동료와의 협업 능력collabora-tion과 같은 속성으로, 이 세 가지는 학습에 대한 자신감을 이루는 핵심이다.

_ 성장형 사고방식

학습이 일어나려면 엄청난 노력과 의지, 참을성이 반드시 필요하다. 이 과정은 어떤 믿음, 혹은 "마음가짐"에서 시작되는데, 이는 바로 지능은 쉽게 변하며 매우 구체적인 행동을 통해 변할 수 있다는 믿음이다. 이러한 사고방식은 강한 의지와 효과적인 전략을 갖고 엄청난 노력을 기울이더라도 지능은 절대로 변하지 않는다는 믿음과는 정면으로 배치된다.

성장형 사고방식을 통해 학습자는 누구나 수준 높은 학습이 가능하다는 믿음을 갖게 된다. 피드백을 참고하여 다음 단계를 결정하고, 자신의 수행을 성찰하여 개선하며, 지도와 조언을 받아들임으로써 자신의 학습이 더욱 향상될 수 있다는 사실도 깨닫게 된다. 또한 성장형 사고방식을 지닌 학습자는 실수도 배움의 한 과정으로 인식하게 되어 더욱 적극적으로 피드백을 요청하며, 피드백에 대해서도 훨씬 수용적이다.

성장형 사고방식은 어려운 목표를 달성하는 데 필요한 올바른 행동을 이끌어내는 일련의 신념들을 한데 모아 강화한다. 에루아르도 브리세뇨(Eduardo Briceno, 2015)는 다음과 같이 주장한다.

"공부를 열심히 한다는 것은 생각을 많이 한다는 것이며, 생각을 많이 한다는 것은 효과적인 학습을 위해 끊임없이 성찰하면서 전략을 수정한다는 뜻이다. 그런데 이런 사실을 모르는 학생이 많다. 따라서 이를 깨닫도록 지도할 필요가 있다."

여러 가지 사상의 체계적 정리와 변형, 도움 요청, 목표 설정, 자긍심의 계발과 같은 전략은 모두 학습에 상당한 영향을 주는 메타인지 및 공부기술 전략이다(Lavery, 2008). 여기에는 당연히 그러한 전략으로 실력이 향상된다는 믿음이 함께 한다. 이러한 신념 체계는 연습을 통해 실력을 향상시키도록 학생을 독려하고, 노력과 전략을 통해 자신의 실력이 향상될 수 있다는 생각을 강화하는 데 매우 중요한 역할을 한다. "행동이 신념을 만든다"는 더그 리브스(Doug Reeves, 2009)의 말처럼, 학생들은 보통 스스로 실천하면서 이러한 신념 체계를 갖게 된다. 따라서 교사는 학생들이 자신의 학습을 정확히 평가하고 그에 대해 이야기하여 개선할 수 있게 만들어주는 전략을 사용할 필요가 있다.

성장형 사고방식은 많은 학교에서 학습 신장을 위한 특정 성향이나 습관, 전략으로 이해되고 있다. 예를 들어, 뉴질랜드에 있는 스톤필드 학교Stonefield School 학생들은 자신의 학습을 향상시키는 데 도움을 주는 중요한 몇 가지 전략을 밝혀냈는데, 그 전략으로는 질문의 활용, 결단력, 자기 이해, 학습에 대한 성찰, 여러 가지 생각의 연결 등이 있다.

성장형 사고방식은 근본적으로 학생에게서 단순한 끈기나 투지 또는 근면성의 발휘를 기대하는 것을 넘어서는 수준의 개념이다. 중요한 것은 학생 스스로가 자신도 높은 수준의 학습을 할 수 있으며, 의

도적인 행동을 통해 그것이 가능하며, 그렇게 될 것이라고 믿어야 한다는 점이다. 성장형 사고방식을 주입시키는 방법 중 하나는 바로 학생이 자신의 상태를 지속적으로 점검하면서 발전을 위해 필요한 조치를 취하게 하는 평가 능력assessment capabilities을 계발하는 일이다.

_ 평가 능력

평가 능력을 지닌 학습자는 학습의 점검, 평가, 개선을 위해 필요한 행동과 기술을 갖추고 있다. 이러한 행위를 통해 학습자는 학습의 기대치와 자신의 수행 수준을 이해할 수 있으며, 학습 진행에 도움이 되는 피드백을 파악하여 적절히 대처할 수 있다.

평가 능력을 갖춘 학습자는 자신이 사용 중인 학습 전략을 돌아보고 다른 사람들의 피드백을 구하며 지속적인 성장을 위해 자신이 어떻게 하고 있는지 꾸준히 점검하는 등 "생각을 많이" 한다. 특히 자신이 하고 있는 일을 점검하기 위해 다음 질문에 답할 수 있는지를 확인한다.

- 학습의 목적은 무엇인가?
- 현재 나는 학습 과정의 어디쯤에 있는가?
- 더욱 발전하기 위해 내가 다음에 할 일은 무엇인가?
- 나와 다른 사람들의 학습을 어떻게 증진시킬 수 있는가?

평가 능력은 학습 증진에 상당한 영향을 미친다(Hattie, 2009). 그래서 전 세계 수많은 학교들은 여러 가지 평가 전략을 도입하여 아이들이 자신의 학습에 대한 책임감을 기를 수 있도록 노력해왔다. 일례로 맹거리 브릿지 학교Mangere Bridge School에서는 학생들이 학습 데이터 분석팀에 참여하여 자신들의 수행 수준을 검토한다. 이를 통해 학생들은 교사와 동료에게서 자신의 수행에 대한 피드백을 받는 한편, 자신이 한 일을 돌아보고, 학습 증진을 위한 자료와 수업, 시간을 요청하며, 개선을 위한 여러 가지 대책을 마련한다.

이러한 방식은 교육계 밖에서도 사용되는 동기유발법이다. 패트릭 렌시오니Patrick Lencioni는 《트라이앵글 법칙(Three Signs of a Miserable Job)》에서 직업에 대한 불만족을 보여주는 주요 징후 중 하나로 "측정 불가 상태immeasurability"를 꼽는다. 렌시오니는 이 징후를 '일이 어떻게 진행되고 있는지, 또 업무의 기대치와 비교해서 자신의 수행이 어느 정도인지 정확히 알 수 없을 때 직원들이 느끼는 좌절감'이라고 설명했다. 다니엘 핑크Daniel Pink는 《드라이브(Drive)》에서 인간을 움직이게 하는 주요 요인 중 하나로 통달mastery - 능숙함proficiency을 넘어서는 영역에 도달하기 위한 지식과 기능을 개발하려는 오랜 노력 - 을 들었다. 인간은 분명 자신의 성과를 파악하여 개선하고 성장하기 위해 노력하고 싶어 한다. 학생들은 자신의 학습을 평가하는 힘을 기를 수 있게 해주는 교육을 받음으로써 계속해서 학습에 매진하는 데 필요한 기술을 갖게 되며, 이는 아이들이 장차 직장 생활을 하는 데에도 더없이 유용할 것이다.

_ 협업 능력

협력적인 학습자는 학습의 사회적 속성이 지니는 엄청난 힘을 인식하며, 어떤 사안에 대한 공감대와 토론, 집단적 노력을 통해 서로의 학습을 증진시키고자 하는 욕구와 필요성을 잘 알고 있다. 학습은 대단히 사회적인 행위이며, 따라서 학생의 자신감은 친구나 교사와 함께 공부하며 서로를 응원하고 서로에게서 배우면서 생기는 힘과 떼려야 뗄 수 없는 관계에 있다. 여기서 협력collaboration은 학생들이 개인과 집단의 학습을 향상시키기 위해 사용하는 일종의 수단으로 정의할 수 있는데, 이 협력이라는 수단을 통해 학생들은 서로에게 학습 자원이 되어준다.

그런데 이를 위한 특별한 절차나 방법이 정립되지 않은 상태에서는 성장형 사고방식이나 행동 양식을 실현하고 평가 능력을 갖추기 위해 필요한 여러 기능을 계발하는 일이 매우 어렵다. 문제는 수업 중 동료의 피드백이 정확하지 않은 경우가 많고(Nuthall, 2007), 아예 없는 경우도 많다는 점이다(McDowell, 2009). 필요한 수준의 참여를 이끌어내는 일 역시 교사에게는 어려운 일인데, 그 이유는 이러한 일이 학교나 교육청 단위의 연수에서는 거의 다루지 않는 여러 가지 독특한 기술을 필요로 하기 때문이다(McDowell, 2009).

수행 능력 측정, 아이디어의 공유와 상의, 피드백 교환을 위해서는 명시적으로 합의된 지침과 함께 구조화된 절차를 정립하여 사용하는 것이 좋다.

위의 내용을 종합해보면, 성장형 사고방식, 평가 능력, 협업 능력과 같은 자신감의 속성들은 학생의 학습에 상당한 도움이 된다는 것을 알 수 있다. 캐롤 드웩(Carol Dweck, 2007)에 따르면 성장형 사고방식을 지닌 학생들이 지능은 변하지 않는다고 생각하는 학생을 능가한다. 평가 능력을 활용한 학습 방식은 지금까지 학습에 가장 효과가 있다고 밝혀진 방법 중 하나이다(Hattie, 2009). 동료들과 피드백을 주고받도록 독려하는 일은 학생의 학업은 물론 관계 형성에도 매우 유익한 것으로 밝혀졌다(Nuthall, 2007). 즉, 이 세 가지 속성은 학생들로 하여금 자신의 학습에 대해 생각해보게 하고 학습에 대한 확신을 갖게 만들어 결국 학업적 성장을 이끌어낸다.

기초, 심화, 전이 학습 역량 ———

● 학습에 대한 자신감은 학생의 지식 및 기능의 발달과 밀접한 관계가 있다. 몰 선생님은 학생들이 핵심 지식과 기능을 익힌 다음, 배운 것을 다른 지식이나 기능과 연결하고 그 정보를 다양한 상황에 적용하기를 원했다. 실생활 문제를 다루기 위해서는 해박하고 깊이 있는 지식과 기능을 길러야 한다고 강조하였으며, 학생들이 반드시 자신감과 함께 필요한 역량을 기를 수 있도록 학습 과정을 설계하였다.

오늘날의 직장에서는 문제해결력과 함께 데이터를 이해하고 활용하는 능력이 있으면서 협업 환경에서도 일할 수 있는 직원이 높이 평가된다(Birsin, 2014). 마찬가지로 직원들 역시 고용주에게서 비슷한 것을 기대한다(Wagner, 2012). 이처럼 직원과 고용주 모두가 의미 있는 업무와 협업, 그리고 문제해결력이 존재하는 사람과 환경에 매력을 느끼는 것이다.

따라서 학교는 배운 내용과 기술을 다른 활동과 과업에 전이시키는 능력을 계발해야 한다. 이에 대해 한나 뒤몽, 데이비드 이스탄스, 프란시스코 베나비데스(Hanna Dumont, David Istance, Francisco Bena-vides, 2010)는 다음과 같이 말한 바 있다.

> 다양한 과목을 공부하고 가르치는 궁극적인 목적은 적응적 전문성 adaptive expertise — 의미 있게 배운 지식과 기능을 다양한 상황에 유연하고 창의적으로 적용하는 능력 — 을 습득하는 데 있다. 이는 어떤 과목에 대한 숙달이나 평범한 전문성routine expertise을 넘어서는 일이다. 이는 기꺼이 핵심 역량을 바꿔가면서 계속해서 자기 전문성의 범위와 깊이를 확장시키려는 의지와 그럴 수 있는 능력을 뜻한다.

유능한 학습자가 되기 위해서는 기초, 심화, 전이라는 세 가지 단계의 지식과 기능을 갖추어야 한다. 그리고 지식과 기능을 다른 상황에 적용하는 능력을 기르려면, 단일 과목은 물론 여러 과목을 아우르는 철저한 지식 기반을 갖추어야 한다(McTighe & Wiggins, 2013). 다시 말해, 학생은 먼저 어떤 과목 내에서 여러 가지 사실을 이해하고 기능을 사용해보면서 핵심 내용 지식을 완벽히 이해해야 한다(= 기초 단계의 지식). 그다음에는 여러 가지 사실과 기능을 해당 과목 안에서 연결할 수 있어야 한다(= 심화 단계의 지식). 마지막으로 그 내용을 다양한 과목과 상황으로 확장하는 능력을 갖추어야 한다(= 전이 단계의 지식).

_ 기초 단계의 지식(Surface-Level Knowledge)

기초 단계의 지식이란 단일 혹은 다수의 사상을 이해하는 능력으로, 아직 여러 사상 사이의 관계를 이해하거나 더 큰 원리나 기능으로는 나아가지 못하는 단계를 말한다. 이 단계에서 학생들은 지식을 습득하고 기능을 연마한다.

_ 심화 단계의 지식(Deep-Level Knowledge)

심화 단계의 지식은 여러 개의 사상을 연결하는 능력을 말한다. 이는 다양한 개념과 기능 사이의 유사점과 차이점을 이해하는 능력을 나타내기도 한다. 지식의 심화 단계에서 학습자는 특정 내용이 해당 학문(과목)의 기본 원리와 어떤 관련이 있는지를 이해한다. 학습자는 이 단계에서 다양한 사상과 기능을 서로 연결한다.

_ 전이 단계의 지식(Transfer-Level Knowledge)

전이 단계의 지식은 다양한 단계의 지식과 기능을 하나의 상황에서뿐만 아니라 여러 상황을 동시에 생각해야 하는 어려운 문제에도 적용할 수 있는 능력을 말한다. 학습자는 전이 단계의 지식을 가지고 다양한 사상을 새롭게 연결할 수 있으며, 어떤 상황에서도 예측이나 평가, 일반화가 가능하다.

이제 교사에게 주어진 중요한 과제는 기초 학습과 심화 학습의 균형을 유지하는 동시에 배운 내용을 실생활 문제에 적용해볼 기회를 제공하는 교수법을 찾는 일이다. 하티(2009)도 이를 강조한 바 있다.

> 피상적 정보에 지나치게 의존한 나머지 심층적 이해와 사고력의 계발이라는 교육의 목적을 소홀히 하는 실수에서 벗어나, 기초 학습과 심화 학습 사이의 균형으로 옮겨가는 대대적인 변화가 필요하며, (중략) 이러한 성과를 극대화시키는 교실 수업과 학습 활동을 선택하는 일이야말로 수준 높은 가르침을 보증하는 증표이다.

딜런 윌리엄(Dylan Wiliam, 2011)은 "교사로서 우리의 관심사는 아이들이 우리가 가르친 대로 할 수 있는가에 있지 않다. 우리 아이들이 새로 배운 지식을 비슷하지만 다른 상황에 적용할 수 있는가에 관심이 있을 뿐이다."라고 했다. 하티의 연구는 교사가 기초 단계와 심화 단계 모두의 학습 성과를 염두에 두고 교육과정을 설계하고, 평가하고, 지도할 때 학생의 학습에 상당한 성과가 있음을 밝혀냈다.

〈표 1.1〉 교수 개입과 그에 따른 학습효과 사이의 상관관계에 대한 연구 결과

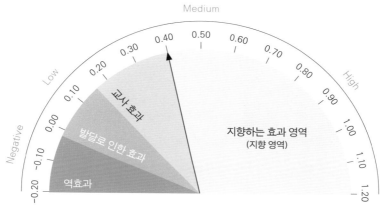

기준값 : 평균 효과크기 0.40

위의 표는 800개 이상의 메타 분석 연구를 통해 얻어진 효과값의 범위를 보여준다. 하티의 메타 분석 종합연구에 따르면 수업 안팎에서 이루어지는 거의 모든 활동(95%)이 교실 수업을 개선하는 것으로 나타났다. 학습에 영향을 미치는 모든 변인들의 평균값은 0.4이다.

학습 역량과 자신감의 촉진자, PBL ────

● 교육 종사자들은 아이들의 학습을 향상시키는 실효성 있는 방법을 찾고자 끊임없이 노력한다. 물론 교사의 거의 모든 노력이 학습에 효과가 있다는 하티의 연구 결과가 있기는 하지만, 학업 성취에 가장 효과가 큰 방법에 집중할 필요가 있다. PBL은 바로 그런 방법 중 하나가 될 수 있다.

문제기반학습과 프로젝트기반학습은 학습에 대한 자신감의 세 가지 속성을 아우르는 정의적 목표는 물론 전이 단계의 역량까지 망라하는 더욱 심층적인 학습 성과의 도출을 목표로 하는 교수법이다(McDowell, 2009). 또한 PBL은 학습에 가장 큰 영향을 주는 행위들을 체계화할 수 있는 교수법이며, 교사에게는 간단명료하여 도전해볼 만한 접근법이기도 하다.

지금까지의 연구 결과로는 PBL을 주요 교수법으로 채택한 학교의 학생들이 주 단위와 전국 단위의 평가에서 기존의 수업 방식으로 배운 학교의 학생들에 비해 대체로 우수한 성적을 거두고 있음이 밝혀졌다(Zeiser, Taylor, Rickles, Garet, & Segeritz, 2014). 그러나 하티(2009)의 지적처럼, PBL을 도입한다고 해서 저절로 학교가 목표로 하는 성과를 낼 수 있는 것은 아니다. 예를 들어, 문제기반학습을 비롯한 여타 탐구 중심 교수법은 기초 단계의 지식이나 기능의 습득을 향상시키는 데 있어서 효과크기가 각각 0.15와 0.30이었다. 평균 효과크기가 0.40임을 감안하면 이는 미미한 효과라 할 수 있다. 그러나 동시에 이 연구에서 주목할 점은 더 심층적인 학습에서 PBL의 효과크기는 0.68로 학습에 상당한 효과를 보였다는 사실이다. 기초 단계에서의 완전한 학습과 심화 단계의 지식 습득이라는 두 마리 토끼를 모두 잡기 위해서는 관리자와 교사 모두가 일관되게 학습에 상당한 효과가 있었던 방법을 통합하여 PBL을 설계하고 실행할 필요가 있다.

● ● ●

학생의 성공을 보장하기 위해 교육자는 학습의 자신감과 역량을 증진시킬 가능성이 높은 방식을 채택해야 한다. 문제기반학습과 프로젝트기반학습은 설계상의 세 가지 혁신을 통해 효과적으로 설계되고 실행될 때 기초 단계 지식의 습득과 심화 단계 학습을 촉진시킬 수 있다. 이와 동시에 바람직한 정의적 목표(성장형 사고방식, 평가 능력, 협업 능력)를 달성할 수 있으며, 우리 아이들이 미래의 직장에서 요구되는 일들을 미리 연습할 수 있도록 뒷받침해줄 것이다.

🗄 생각해볼 문제

● 아이들의 어떤 말과 행동에서 성장형 사고방식을 엿볼 수 있는
가? 교사로서 이러한 말과 행동을 몸소 어떻게 보여주고 있는
가? 수업에서는 성장형 사고방식의 중요성을 어떤 식으로 보여
주는가? 실수를 해도 괜찮다는 점을 수업 운영이나 평가(채점을
비롯한), 수업 방식을 통해 학생들에게 분명히 보여주고 있는가?

● 학생들이 다음의 활동을 하도록 어떤 방법을 사용하는가?

- 평가 능력 계발하기
- 친구들과 도와가며 학습 내용 이해하기
- 피드백을 주고받으며 학습을 진행시키기
- 학습 과정을 꾸준히 점검하여 자신의 학습에 효과가 있는 것과 효
  과가 없는 방법 파악하기

● 학생들이 기초, 심화, 전이 학습에 대해 이야기할 수 있도록 어떻
게 도와주는가?

● 역량과 자신감의 계발에 있어서 PBL의 장점과 단점은 무엇이라
고 생각하는가?

다음 단계로 나아가기

● 현재 진행 중인 프로젝트나 수업의 학습목표가 어느 정도로 명확한지 알아보기 위해 학생에게 다음 질문을 해보자.

- 학습의 목적은 무엇인가?
- 현재 자신의 위치는 어디인가?
- 다음에 할 일은 무엇인가?

이 질문에 대한 학생들의 대답이 주로 평가를 통해 파악한 자신의 현재 수행 수준이나 이를 높이기 위한 다음 단계, 또는 학습목표와 관련된 내용인지, 아니면 주로 지시의 이행이나 완료, 프로젝트의 문제상황과 관련된 내용인지를 판단해본다.

● 지금 가르치는 단원이나 진행 중인 프로젝트를 검토하여 다음을 파악한다.

- 기초, 심화, 전이 단계별 학습이 분명히 보이는가?
- 이러한 단계가 실제로 존재하며 중요하다는 것을 보여주는 평가나 수업, 채점기준표와 같은 증거가 있는가?
- 학생들 역시 이를 알고 있는가? 그렇다는 것을 어떻게 알 수 있는가?

● 학생들에게 다음과 같은 질문을 던져본다.

"다음 내용을 이해하기 위해 우리는 그동안 어떤 활동을 해왔습니까?"
- 자신의 학습
- 실수를 해도 괜찮다는 사실
- 동료의 피드백을 소중히 여긴다는 점
- 말이나 행동으로 드러나는 것만큼이나 실제로 배움을 소중히 여
  긴다는 사실

**프로젝트 수업
제대로 하기**

학습 효과를 높이는
세 가지 설계 혁신

모든 모형은 틀렸다.
그러나
일부 모형은 쓸 만하다.

– 조지 박스(George Edward Pelham Box)

Part 2

· · ·

자신감과
역량을 기르는
PBL 수업 설계

Project Based Learning

● 프로젝트기반학습이나 문제기반학습의 옥석을 가리는 데 널리 사용되는 것 중 하나가 벅 교육협회Buck Institute of Education의 〈골드 스탠다드 PBL : 프로젝트 설계의 필수 요소〉(Larmer & Mergendoller, 2015)이다. 여기에서 제시된 프로젝트 설계를 위한 필수 요소 7가지는 다음과 같다.

(1) 어려운 문제나 질문
(2) 지속적인 탐구
(3) 실제성
(4) 학생의 의사와 선택권
(5) 성찰
(6) 비평과 개선
(7) 공개할 결과물(산출물)

PBL은 "계획과 설계, 문제해결, 의사결정, 결과물 생성, 결과 공유 등으로 이루어진 복잡한 과업"으로 정의되기도 한다(Mergendoller, Markham, Ravitz, & Larmer, 2006). 교사는 탐구질문driving question에 맞춰 이러한 요소들이 잘 정비되어 있는지 〈표 2.1〉에 제시된 기준을 활용하여 확인해야 한다.

탐구질문은 해당 과목의 주요 개념과 원리를 이해해야만 해결할 수 있도록 만들어지는 것이 이상적이다. 탐구질문은 보통 학습의 초반부에 제시되는데, 그 목적은 학생들이 자신의 사전 지식과 프로젝트 과

<표 2.1> 우수한 PBL의 필수 구성 요소

- **어려운 문제나 질문** _ 학습을 더욱 의미 있게 만드는 흥미진진한 문제나 질문이 학생에게 제공된다. 학생들은 어떤 지식을 암기하기 위해 학습에 임하는 것이 아니라, 그 지식이 자신에게 중요한 어떤 문제를 해결해주기 때문에 학습의 필요성을 절실히 느끼면서 학습에 참여한다.

- **지속적인 탐구** _ PBL에서는 탐구 과정이 계속해서 반복된다. 즉, 어려운 문제나 질문을 만났을 때 학생들은 질문을 하게 되고, 그 질문에 답을 하는 데 도움이 되는 자원을 찾은 뒤 더욱 깊이 있는 질문을 하게 된다. 그리고 만족스러운 해결책이나 답이 도출될 때까지 이 과정을 반복한다.

- **실제성** _ 프로젝트의 "현실적(real-world)"인 측면과 관련된 속성이다. 실제성은 다음과 같은 의미를 지닌다. 먼저, 주어진 문제상황이 실제일 수 있다. 둘째, 현실 세계에서 실제로 이루어지는 과업에 실제로 사용되는 도구를 사용하여 참여한다는 뜻이다. 셋째, 프로젝트가 다른 이들의 삶에 영향을 줄 것이라는 확신이다. 마지막으로 프로젝트가 학습자 자신의 관심사와 관련된 것일 때 이를 실제적이라고 말한다.

- **학생의 의사와 선택권** _ 어떤 방법으로 조사를 할 것이며, 배운 것을 어떻게 표현할지, 그리고 학습 산출물을 어떻게 공유할 것인지를 비롯한 프로젝트의 여러 과정에서 학생들이 자기 목소리를 낸다.

- **성찰** _ 어떤 내용 지식을 얻었으며 이를 통해 어떤 깨달음을 얻었는지 성찰하면서 학생들은 배운 내용을 더욱 단단히 다지는 한편, 해당 내용이 이 프로젝트 밖 다른 상황에서는 어떻게 적용되는지 생각해보게 된다.

- **비평과 개선** _ 학생들이 프로젝트의 과정과 결과를 개선할 수 있도록 친구들과 건설적인 피드백을 주고받는 법을 가르쳐야 한다.

- **공개할 결과물** _ 학생들을 사전에 확실히 준비시키는 역할을 하며, 지금까지 일어난 배움에 대한 토론을 촉진시킨다. 문제에 대한 해결책 또는 탐구질문의 답에 대한 물증이기도 하다.

정 중 이루어지는 다양한 활동을 프로젝트의 최종 학습목표와 연계시켜 생각하도록 유도하는 데 있다. 교사는 다양한 교수법을 활용하여 학생들이 탐구질문과 씨름하며 답을 찾아가는 과정을 지원한다.

골드 스탠다드 요소에 따라 설계된 프로젝트에는 지속적인 탐구 과정과 함께 비평과 개선, 그리고 성찰의 기회가 존재하며, 문제에 대한 해답은 현실 세계와 관련된 것으로서 다양한 각도에서 접근해야 해결할 수 있으며 여러 과목의 지식과 기능을 사용해야 하는 경우가 일반적이다.

마지막으로 PBL은 공개적인 발표를 기본으로 한다(Brooks & Brooks, 1993 ; Driscoll, 1994 ; Duffy & Jonassen, 1991). 바로 이러한 속성을 갖추었을 때 우수한 PBL로 인정받는다.

PBL의 효과를 높이려면? ──

● 교사에게 가장 어려운 점은 바로 어떻게 하면 이 모든 요소를 잘 녹여내서 학습에 효과가 큰 프로젝트를 설계할까 하는 일이다. 왜냐하면 골드 스탠다드 기준에 모두 부합하는데도 학습을 촉진시키는 효과는 별로인 프로젝트를 설계할 수도 있기 때문이다. 예를 들어 '비평과 개선'이라는 기준을 단순히 학생에게 피드백을 제공한다는 뜻으로 받아들이는 교사도 있다. 그러나 피드백은 그 종류나 학생의 수준에 따라 효과가 달라진다. 다시 말해 피드백의 종류

와 학생의 이해 수준이 정확히 맞아떨어질 때에만 학습에 실질적인 영향을 줄 수 있다는 뜻이다(Hattie & Timperley, 2007). 존 하티와 헬렌 팀펄리Helen Timperley의 말처럼, "피드백은 진공 상태에서는 전혀 효과가 없기" 때문에 학습자의 학습 단계(기초, 심화, 전이)에 정확히 맞추어 제공되어야 한다(Hattie & Timperley, 2007). 예를 들어, 전이 단계에 있는 학생에게는 과업 기반 피드백task-based feedback보다는 자기관리능력self-monitoring 위주의 피드백이 더 도움이 될 것이다.(이 내용에 대해서는 PART4에서 더 상세히 다루도록 하겠다.)

어떤 수업이 학생 모두에게 효과가 있으려면 역량과 자신감이라는 목표에 부합하도록 세심하게 설계되어 실행되고 점검되어야 한다. 이는 기초, 심화, 전이 학습을 아우르는 프로젝트를 설계하고 실행하여 학생의 자신감을 기르고자 할 때 교사가 주의해야 할 몇 가지 함정이 있다는 것을 뜻한다. 그중 "수박 겉핥기"와 "핵심 놓치기"라는 심각한 오류 두 가지를 살펴보고자 한다.

"수박 겉핥기"라는 문제는 골드 스탠다드 요소를 갖추었으나 설계에 있어서 명료화, 도전, 문화라는 세 가지 변화가 충분히 반영되지 않았을 때 발생하는 대표적인 오류이다. 이에 반해 "핵심 놓치기"는 프로젝트 설계와 실행에서 그 세 가지 변화를 전혀 찾아볼 수 없으며 일반적으로 골드 스탠다드 요소 역시 갖추지 못한 경우를 말한다.

_ 수박 겉핥기 : PBL 형식만 갖춘 경우

다음의 프로젝트를 살펴보자.

나이로비 국립공원

나이로비 국립공원은 야생동물과 인간을 둘러싼 갈등이 극명하게 드러난 사례이다. 이 공원은 남쪽을 제외한 모든 방향에 울타리를 쳐서 외부와 차단시켜 놓았다. 그런데 최근 케냐에서는 공공안전을 위협하는 요소를 줄이는 동시에 택지 확보와 원활한 통행을 위해 남쪽까지 막아버리자는 주장이 많아졌다. 그러나 그렇게 되면 이 공원은 거대한 동물원이 되어 그곳에 사는 야생동물의 습성에 심각한 문제가 생길 것이다. 수용력, 먹이 사슬, 먹이 그물에 대한 지식에 근거하여 추정컨대, 공원 전체를 울타리로 막으려는 이 계획은 그곳에 사는 동물들에게 부정적인 영향을 줄 수 있다. 그러나 케냐 수도의 기하급수적인 팽창을 감안하면 공원 주변의 택지 수요가 계속해서 상승할 것이라는 다른 측면의 문제도 예상된다.

• 핵심 질문 : 케냐 정부는 이 중대한 문제에 어떻게 접근해야 하는가?

〈나이로비 국립공원〉 프로젝트는 생물이나 환경 과목 수업에서 배우는 여러 가지 원리가 실제 상황에서 어떤 식으로 상호작용하는지를 이해시키는 한편, 그러한 원리가 실현 가능한 해결책을 창안하는 데 어떻게 적용되는지를 보여주고자 기획되었다. 이 프로젝트는 어떤 식으로 설계하고 실행하느냐에 따라 상당한 학습효과를 기대할 수도 있고 혹은 그 반대일 수도 있다. 일단 골드 스탠다드 기준에 부합할 가능성은 있다. 암기가 아니라 문제해결을 위한 지식을 요하는 탐구질문과 함께 학생을 탐구 과정에 참여시킬 일련의 질문이 존재하며, 해결해야 할 문제 역시 실제적authentic이기 때문이다. 학생이 완성해야할 산출물의 형태가 지정되지 않은 점으로 미루어보아 해결책을 마련하는 과정에서 학생의 의사와 선택권도 보장되는 것 같다. 또한 프로젝트 과업에 대한 성찰의 여지도 존재한다. 그러나 여기에서 중요한 것은 골드 스탠다드의 요소를 갖추었는지의 여부가 아니다. 중요한 것은 학생들이 기초, 심화, 전이 단계의 내용을 얼마나 배울 수 있는가, 그리고 학습에 대한 자신감을 얼마나 향상시킬 수 있는가 하는 점이다.

프로젝트가 잘못 설계되면 학생들은 프로젝트의 핵심 학습목표와 성공기준을 제대로 달성하지 못하게 되며, 생물이나 환경 과목의 교과 내용보다는 '나이로비 국립공원'이라는 문제상황에 매달려 더 많은 시간을 보내게 된다. 또한 지속적인 학습 평가 계획이 없고 학습 결과에 따른 적절한 수업 전략과 피드백 전략이 준비되지 않았다면 학습 면에서 실질적인 성장을 기대하기 어렵다. 결국 학생들은 인터넷에서 나이로비 공원과 그 공원의 수용력, 먹이 사슬 등을 검색해본 뒤 조별로 인터넷 검색 결과에 대해 이야기를 나누다가 몇 시간을 투자하여 파워포인트나 소형 책자를 만들어내는 데 그칠 것이다. 교사 역시 학생의 탐구 활동에 도움이 되는 몇 가지 과업을 설계하여 운영하거나 자료를 구하는 데 많은 시간을 보낼지도 모른다. 이처럼 프로젝트의 운영이나 조사 활동, 자발적인 노력이나 모둠 주도 활동에 국한된 프로젝트는 프로젝트기반학습의 필수 요건을 갖추었을지는 모르지만, 제대로 된 학습이 일어나는 데 필요한 인지 부하cognitive demand(과제가 학생들을 깊이 생각하게 만들지 못한다는 뜻 – 역자 주)나 이를 위한 교사의 노력은 부족하다고 할 수 있다. 따라서 "수박 겉핥기"에서 벗어나 좀 더 심도 있는 수준의 설계로 나아가려면 교사는 다음 질문을 해봐야 한다.

- 문제상황과 완전히 분리된 명확한 학습목표와 성공기준을 학습 내용의 단계(기초, 심화, 전이)에 따라 설계한 뒤 이를 학습자에게 알려주었는가?
- 학습목표 및 성공기준에 의거하여 학생이 학습 내용을 얼마나 이해하였는지 지속적으로 파악할 준비가 되어 있는가?
- 그러한 평가 결과를 바탕으로 수업이나 피드백과 같은 학습에 필요한 조치를 취할 준비가 되어 있는가?
- 학생들이 자신의 이해 정도를 파악할 뿐만 아니라 자신은 물론 다른 사람의 학습을 촉진시키기 위한 실천에 나설 역량을 길러주고 있는가?

이 질문의 의도는 어떤 교수법의 수준을 유지하고자 하는 노력의 최종 목적이 결국 학생들의 학습에 있다는 점을 분명히 밝히고자 하는 것이다.

한편 "프로젝트기반학습에서 학생의 탐구 과정을 잘 조직하여 프로젝트의 최종 목표를 향해 학습 활동을 이끌어가는 것은 바로 교사가 세심하게 계획한 프로젝트 자체이다"라는 주장도 있다(Larmer, Mergendoller & Boss, 2015). 탐구를 촉진시키고 학습 활동을 이끌어가는 프로젝트 체계에 반대할 이유는 없다. 이상적인 경우라면 그 프로젝트는 당연히 핵심 학습목표와 성공기준에 기반을 두고 있을 것이고, 이전에 배운 것을 토대로 하는 체계적인 과업이 정립되어 있을 것이기 때문이다. 그러나 프로젝트의 목표를 향해 학습 활동을 체계적으로 이끌어가는 것은 프로젝트 자체가 아니라 프로젝트 전 과정에 걸쳐 수집된 학생 수행 데이터이며 프로젝트의 학습목표와 관련된 사전 지식이다. 또한 그러한 정보야말로 프로젝트 내내 학습을 진행시키기 위해 어떤 수업을 실시할 것인가를 결정하는 판단의 근거가 된다. 이를 위해 질문을 중심으로 프로젝트를 설계하는 일은 학습자를 참여시키기 위한 좋은 출발점이다. 핵심은 학생의 성장을 끊임없이 평가하고 이를 바탕으로 계속해서 수업과 피드백을 조정해야 한다는 점이다.

나아가 교사는 학습목표와 성공기준을 명확히 밝혀야 하며, 학생의 발전 정도를 파악하여 그 결과에 따라 수업과 피드백을 조정하는 한편, 성장을 위해 평가 결과를 이해하고 활용하는 데 주력하는 문화를 조성해야 한다. 우수 프로젝트의 기준을 갖추려는 피상적인 노력 대신, 교사와 학생 모두 학습목표에 의거하여 수행을 이해하고 그 결과에 따라 수업을 조정하고, 학습에 대해 토의할 수 있는 문화를 조성할 수밖에 없는 프로젝트를 설계하여 실행하도록 하자.

_ 핵심 놓치기 : 형식도 내용도 갖추지 못한 PBL

교사들이 저지르기 쉬운 또 하나의 오류가 바로 "핵심 놓치기"이다. 이는 핵심 내용 지식의 학습을 강화하고 학습에 대한 자신감을 기르기 위해 반드시 필요한 요소를 갖추지 못한 프로젝트를 설계하여 실행하는 일을 말한다. 교사인 우리가 학창시절 참여했던 프로젝트를 떠올려보면 쉽게 이해할 수 있다. 주로 생각나는 물건은 디오라마나 병풍처럼 생긴 전시용 패널, 딱풀, 가위 같은 것들이며, (읽고 쓰고 토의하는 대신) 오리고 붙이고 자료를 전시하느라 수업의 상당 시간을 보냈을 뿐이다. 상자 속에 세포조직을 만들어 학급과 학부모 몇 분, 그리고 선생님 앞에서 발표했던 기억이 아마 우리 모두에게 있을 것이다.

기술의 발전 덕분에 우리는 프로젝트 수업에 파워포인트나 프레지, 팟캐스트, 웹사이트 등을 활용할 수 있게 되었다. 그러나 이러한 활동에 참여하면서 학생들이 어떤 생각을 하고 있는지 반드시 들여다봐야 한다. 다니엘 윌링햄(Daniel Willingham, 2009)은 기억을 사고의 잔재로 보았다. 즉, 깊이 생각할수록 기억되는 것이 많다는 얘기다. 아이들이 무엇인가를 자르고 붙이거나 파일을 편집하면서 그 과목의 핵심 개념에 대해 생각할 여지가 있을지 고려해봐야 한다. 과연 빈 상자 속에 세포조직을 만들어 넣는 동안, 세포 내부에서 특이 반응이 발생하면 어떤 일이 벌어질지에 대해 깊이 생각할 수 있을까? 그렇다면, 아이들이 어떤 쟁점을 두고 토론을 벌이면서 자신의 생각을 분명히 말하고 서로의 추론 과정에 문제를 제기하는 일과 같은 의미 있는 활동에 시간을 쓰게 하려면 어떻게 해야 할까?

안타깝게도 이런 식의 프로젝트 수업에서는 중요한 내용 학습이 흥미진진한 수업이나 산출물과 같은 다른 일보다 우선순위에서 밀려나곤 한다. 마이크 슈모커(Mike Schmoker, 2011)는 소위 "혁신적인" 방법으로 근래에 권장되고 있는 이런 식의 유행을 비판하면서 그 위험성을 다음과 같이 지적하였다.

이 교사는 끊임없이 혁신 중이다. 교과 융합 수업의 선구자이며, 수업 중 테크놀로지 활용도가 높고, 수업은 학생이 직접 무언가를 만들어보는 활동으로 넘쳐난다. "프로젝트기반학습"을 열심히 실천하고 있는 것 같다. 그런데 수업 중 읽기 활동은 거의 없고 쓰기 활동은 더욱 찾아보기 어렵다. 대신 아이들은 도서관에 왔다 갔다 하거나 뭔가를 준비하고 만들면서 많은 시간을 보낸다. 그런 다음 친구들이 준비한 현란한, 그러나 목적을 알 수 없는 파워포인트 프레젠테이션을 멍하게 지켜보면서 또 남은 시간을 보내게 된다. 이 교사는 학생에게 시범을 보이거나 선생님의 도움을 받아가며 이루어지는 연습, 또는 이해 점검과 같은 활동을 자신의 프로젝트에서 전혀 찾아볼 수 없다는 사실

조차 깨닫지 못하고 있으며, 이 점에 있어서는 다른 동료 교사들도 마찬가지다. 그런데도 소위 "능동적" 학습을 실천하는 교사, "프로젝트기반" 과제와 테크놀로지의 융합을 실천하는 교사로 높이 평가된다.

이 상황은 전형적인 "핵심 놓치기" 사례에 해당한다. 사례 속에 등장하는 교사는 평가를 통해 학생의 성취도를 확인한 뒤 그 결과를 바탕으로 효과가 검증된 수업 방법을 택하는 일을 하지 않는다. 대신, 학생들이 과업을 얼마나 잘 완성하며 자료를 검색하고 검토하는 일을 얼마나 잘하고 있는지와 같은, 다시 말해 각 과정을 얼마나 잘 수행하는가를 확인하는 일에 막대한 시간을 쓰고 있을 뿐이다. 실제로 많은 PBL 교실에서 학생들은 중요한 내용의 학습보다는 주로 미적 요소만을 평가하는 학습 산출물을 만들어내는 데 더 많은 시간을 보내고 있다.

슈모커(2011)는 더 나아가 프로젝트기반학습이나 문제기반학습을 학습 능력 신장에 적합한 교수법으로 내세우는 기관들조차 핵심 내용 지식과 기능에 의거한 명확한 학습목표와 성공기준이 있어야 한다는 생각에 이의를 제기한다고 비판한다.

명망 있는 차세대 기관 한 곳에서 몇 가지 "표준"을 내세우고 있는데, 바로 그 표준 때문에 의미 있는 읽기와 쓰기 활동들이 소위 학생의 "개성"을 잘 보여준다는 활동들(웹사이트 구축이나 영화 예고편 제작, 클레이 애니메이션용 인형, 사운드트랙, 포스터 제작과 같은)로 대체될지도 모른다. 이들 모두 완성하는 데 며칠이 걸리는 흥미진진한 활동인데, 어떤 교사들에게는 이런 활동이 문해력 신장을 위한 활동보다 훨씬 매력적으로 다가올 수 있다.

핵심 내용이 빠진 현란한 프로젝트가 의미 있는 학습을 방해한다는 슈모커의 주장은 그랜트 위긴스(Grant Wiggins, 2013)의 블로그에서도 그대로 반복되고 있다.

한 번은 빅토리아 시대를 재현하는 중학교 프로젝트를 참관한 적이 있다. 엄청난 시간과 노력, 2천 달러라는 거금을 들여 빅토리아 시대의 복식과 티 파티, 디킨스의 소설 속 인물 등을 재현하였고 이틀에 걸쳐 이를 전시하였다. 나는 이런 활동이 최악의 시간 낭비라고 생각했다. "아이들이 정말 좋아하잖아요!"라고 말하고 싶겠지만 안타깝게도 아이들은 그 활동을 하면서 배운 게 하나도 없다. 그 활동이 중요한 학습목표를 달성하는 데 도대체 어떤 도움이 되는지 정확히 보여주지 않는 이상 앞으로도 나는 이런 방식에 대해서는 계속 회의적일 것 같다.

앞에 소개된 두 사례는 학습목표가 분명하지 않고 읽기나 쓰기, 말하기와 같은 인지 부하를 요하는 과업이 없으며 문제상황에 대한 정보만 풍부한 프로젝트는 학업성취도 향상에 별 도움이 되지 못할 것이라는 점을 잘 보여준다. 두 사례 속 교사들은 문제상황에 관한 정보가 풍부한 문제나 과업을 개발하는 데에만 의식적인 노력을 기울여왔을 뿐, 배운 내용을 다양한 상황에 적용하는 능력의 기초가 되는 핵심 내용을 확실히 공부시키는 일은 등한시해왔다. 게다가 이 교사들은 학습 동기가 흥미진진한 문제상황이나 산출물에서 비롯된다고 단정 짓고는, 정작 학생이 자신의 사전 지식과 앞으로 배울 내용 사이에 존재하는 격차를 인식하게 만드는 데는 실패했다.

만약 이런 것이 프로젝트기반수업이나 문제기반수업의 전형적인 모습이라면 프로젝트기반학습이 다른 교수법에 비해 학습효과 면에서 기대치에 훨씬 못 미친다는 하티(2009)의 결론이 그다지 놀랍지 않다. 프로젝트기반학습이 학생의 성취도를 높이는 데 효과가 있는 것은 사실이다. 그러나 그 점에 있어서는 다른 교수법 역시 마찬가지다. 문제는 어떻게 하면 PBL의 학습효과를 극대화할 수 있을까 하는 점이다. 재미있으면서도 핵심 내용의 학습을 보장하는 프로젝트를 개발할 수는 없을까? 교사가 프로젝트 설계 과정에서 몇 가지 단계를 고려한다면 결코 불가능한 일은 아니다.

현장의 목소리

PBL 학교에 근무한 지 십수 년이 되었습니다. 우리 학교에서는 배움의 최고봉은 무언가를 완벽하게 익히는 것이 아니라 지식과 기능을 다른 상황에 전이시킬 줄 아는 능력이라는 믿음 아래 학교의 전체 수업에 PBL을 도입하기로 결정하였습니다. PBL은 우리 아이들을 그러한 배움의 정점으로 데려갈 수 있는 효과적인 수단이지요. 또 PBL 안에서 아이들은 스스로 학습의 주인이 되어 친구들과 협력하면서 현실 세계의 문제와 씨름할 기회를 누리기도 합니다. 우리 학교는 이런 부분에 특히 큰 가치를 두고 있습니다.

그동안 우리는 이 책에 소개된 잘못된 PBL의 문제점 — 주요 성취 기준을 가르치지 않는 우를 범하거나, 핵심 내용을 완전히 익히고 스스로 학습을 관리하는 능력을 기르는 일을 등한시하는 — 을 인식하고 있었습니다. 따라서 학생들이 적절한 비계와 효과적인 수업을 통해 내용을 확실히 익힐 수 있도록 각별한 노력을 이어왔습니다. 특히 결과물의 실제성을 중시하면서도 동시에 철저한 내용 학습이 이루어지도록 굉장히 신경을 씁니다. 다시 말해 학문적 철저함과 실제성 사이의 조화를 추구한다는 뜻인데, 이는 학생에게 어려운 문제를 제시하여 내용과 씨름할 기회를 주고, 내용을 얼마나 이해했는지 확인한 다음 학생의 요구needs에 맞춰 수업을 조정하는 방식으로 이루어집니다. 과거의 잘못된 PBL이 가진 주된 문제는 "한 번 해봐"라는 식으로 학생의 "자유의지"와 적극적인 "시도"에만 맡겨두는 것이라고 생각합니다.

결국, 좀 더 깊이 있는 배움은 내용에 대한 깊은 이해를 바탕으로 이루어집니다. 그리고 중요한 것은 아이들이 실제적인 결과물을 만들어내는 과정에서 핵심 내용을 반드시 공부하도록 하는 우리의 노력이 성과를 내고 있다는 점입니다.

— 스티브 집키스(시더스 차세대 국제 고등학교 교장)

PBL의 발전을 위한 올바른 설계 ──────

● 프로젝트기반학습이 성공하려면 앞서 언급한 세 가지 혁신이 설계와 실행 속에 완전히 녹아들어 있어야 한다. 이는 교사의 역할에 획기적인 변화가 필요하다는 깨달음에서 시작된다. 실패한 PBL 수업에서는 교사가 주로 프로젝트 운영과 관련된 일을 한다. 즉, 과업이나 결과물을 완성할 수 있도록 학생을 도와준다든지 모둠 관리와 같은 일을 하면서 시간을 보낸다. 사실 교사는 그런 일보다는 주요 학습 내용을 철저히 배우는 것을 목표로 하는 수업을 제공하는 한편, 학생들이 서로의 자원이 되어 학습에 대한 자신감을 기를 수 있도록 독려하는 일을 해야 한다. 또 아이들을 생각하게 만들고, 그러한 사고 과정이 밖으로 드러나게 하여, 그 결과에 따라 학습을 진행시켜야 한다. PBL이 효과를 내려면 사고 과정에 집중해야 하고, 학습효과가 큰 교수법과 이를 가능케 하는 학습과학science of learning에 근거하여 이루어져야 한다.

지난 수십 년 동안 교수법은 꾸준히 발전해왔다. 그러나 학생 스스로 학습에 대한 주인의식을 갖고 자신의 학습 역량을 탄탄하게 기를 수 있도록 돕는 전략을 갖춘 교사는 여전히 찾아보기 어렵다. 이 책을 통해 그러한 실천이 시작되기를 바라면서 새로운 교사 역할 모델을 〈표 2.2〉에 제시한다. 이 모델은 기존의 PBL과 달리 학습목표를 강조하고 사고 과정을 가시화하는 점이 두드러진다.

<表 2.2> 교사 역할의 변화

기존의 PBL	변화된 PBL
자료 제공자	학습 과정에 적극적으로 개입하는 존재
자료 수집에 주력하며, 학생들이 학습 산출물에 관해 이야기할 시간과 활동을 계획하고 마감기일에 관해 학생과 협의하는 한편, 여타 행정 및 관리 업무에 몰두한다. 수업 중 이루어지는 이런 일들은 그 속성상 기껏해야 학습을 보조하는 역할에 그칠 뿐이다. – "선생님은 교실을 돌아다니면서 학생들에게 프로젝트를 완성하는 데 무엇이 필요한지 묻는다. 파워포인트 발표 자료를 마무리하는 데 시간이 더 필요하다는 학생이 많다. 조원을 바꿔달라는 학생들도 있으며, 학교에서 특정 웹사이트 접속을 막았다며 이를 풀어달라는 요청도 있다. 학생들의 화제는 주로 채점기준표는 어디에 나와 있는지, 과제별 제출 마감일을 어떻게 맞출지에 국한되어 있고, 점수에 관한 이야기를 하기 위한 미팅 일정을 잡는 정도에 그친다. 선생님은 학생들에게 프로젝트를 완성하는 데 무엇이 필요한지 상기시키는 한편 이 모든 요구사항을 조율하려 애쓴다."	학습자가 현재 배우고 있는 내용 지식과 기능을 어느 정도 이해하고 있는지 파악하여 직접 지도한다. 학생의 이해 수준에 맞는 수업과 피드백을 제공하는 한편, 학생이 자신의 학습을 촉진시키는 방법을 스스로 알아낼 수 있도록 학생과 함께 노력한다. 학습자의 이해 정도를 끊임없이 파악하여 이에 맞게 적절히 지원한다는 점에서 교사의 역할은 적극적이다. – "선생님은 학생들의 평가 결과를 검토한 뒤 그 자료를 해석하기 위해 학생 몇 명에게 질문을 한다. 그다음, 프로젝트 수행에 필요한 지식과 기능을 향상시켜줄 개별화된 학습 과제를 개발한다. 학생들은 프로젝트 수행 중 등장하는 주요 개념을 모두 정리하는 학급 차원의 개념지도를 제작하기로 한다. 선생님은 3명씩 조를 짜서 개념지도 제작을 위한 연습문제를 풀게 한 뒤 그 결과를 평가한다. 그런 다음 학생들의 수행 결과를 검토하여 개별 지도가 필요한 몇 명을 따로 만나 지도한다."

그렇다면 앞서 말한 두 가지 오류에 빠지지 않고 학생들에게 수준 높은 배움을 보장하는 방법은 무엇일까? 그 해답은 바로 프로젝트를 설계할 때 세 가지 혁신을 추구하는 데 있다. 명료한 학습목표 확립, 학습 단계별로 적절한 도전 과제 제공, 그리고 자신감을 함양하는 문화의 형성이 바로 그것이다.

교사는 먼저 학생들이 프로젝트의 문제상황에 불과한 요소와 프로젝트를 통해 달성해야 할 중요한 학습목표를 혼동하지 않도록 살펴야 한다. 아울러 학생들이 프로젝트의 각 학습 단계별(기초, 심화, 전이) 학습목표와 성공기준을 이해할 수 있도록 학생과 함께 노력해야 한다. 마지막으로 기초, 심화, 전이 각 단계에 필요한 과제와 적절한 수업이 학생에게 반드시 제공되어야 한다. 이를 위해서는 학습 과정을 점검하고 그에 따른 실천 방안을 논의하기 위한 많은 대화와 피드백이 반드시 필요하다.

이를 실제 수업에 적용해보자. 먼저 교사는 프로젝트가 시작될 때 이 프로젝트의 전이 단계(최종 단계)에서 어떤 산출물이 나와야 하는지를 학생들에게 분명하게 소개해야 한다. 그다음, 학생의 이해 수준에 따른 수업을 실시한다. 〈표 2.3〉은 기초 단계에서 심화, 전이 단계에 이르기까지 학생에게 학습 지원이 어떻게 이루어지는지를 보여준다.

앞에서 소개한 〈나이로비 국립공원〉 프로젝트를 예로 들어보자. 프로젝트 개시를 알리는 활동이 끝나면 교사는 기초 단계의 수업과 과업을 제공하게 되는데, 여기에서는 '수용력'(일정한 크기의 땅에 수용할 수 있는 개체 수 – 역자 주)이나 '먹이 사슬', '먹이 그물'과 같은 개념을 학생들에게 이해시켜야 한다. 학생들의 이해 정도를 측정한 뒤 그 결과(수행 데이터 – 역자 주)에 따라 다른 수업을 제공하기도 하는데, 이를 위해 교사는 "각각의 활동 중에 아이들은 무슨 생각을 하고 있을까?", "아이들의 학습이 진행될 수 있도록 내가 취하고 있는 구체적인 조치는 어떤 것들인가?"와 같은 질문을 스스로에게 끊임없이 던져야 한다.

이러한 과정의 일환으로 교사는 기초 단계의 학습이 필요한 학생들이 향후 학습에 필요한 용어를 습득할 수 있도록 새로 배울 내용을 사전 지식과 연계시켜주는 질문을 던지거나 공부할 내용을 미리 읽어보게 할 수 있다. 학생들이 기초 단계에서 학습할 내용을 완벽하게 이해하게 되면 이제 교사는 수용력과 먹이 사슬, 먹이 그물이 서로 어떤 관계를 맺고 있는지를 직접 가르친다. 그리고 난 뒤 당면한 문제를 해결할 타당한 해법을 제시해보게 하고, 이와 동시에 여기서 배운 것을 캘리포니아 리버모어 지역의 검독수리 박멸 문제와 같은 다른 상황에도 적용해보게 할 수 있다.

풍력 발전 과 검독수리

알타몬트 패스Altamont Pass에 위치한 풍력발전단지는 야생동물과 인간 사이의 갈등을 잘 보여주는 사례이다. 이 단지는 탄소 에너지에 의존하는 지역에 재생 에너지를 제공한다. 그러나 동시에 검독수리Golden Eagle의 생존을 위협하기도 하는데, 이 독수리들이 먹이를 사냥하다가 발전기 날개와 부딪히는 사고를 당하기 때문이다. 캘리포니아 야생동물보호국은 현재 이 풍력발전단지를 폐쇄하기 위한 법안을 추진 중이며, 이는 결국 여기서 생산된 에너지를 사용하는 사람들의 삶에 영향을 미칠 것이다. 수용력, 먹이 사슬, 먹이 그물, 환경 문제가 지역 사회에 미치는 파급 효과 등에 관해 우리가 배운 것을 총동원하여 캘리포니아 야생동물보호국에 어떤 제안을 하면 좋을지 생각해보자.

〈표 2.3〉 프로젝트기반학습의 진행 단계

| 프로젝트 개시 | 기초 단계 워크숍 | 워크숍 심화 단계 | 전이 단계 발표/성찰 |

1단계   2단계   3단계   4단계

프로젝트는 보통 위의 표와 같이 네 개의 큰 과정을 거치면서 진행된다.

• 1단계 : 프로젝트 개시

학생들은 이 프로젝트의 전이 단계가 끝날 때까지 어떤 학습 성과를 내야 하는지에 대한 안내를 받는다. 아울러 교사는 학생들이 기초, 심화, 전이 단계의 역량을 어느 정도 갖추고 있는지 알아본다.

• 2단계 : 기초 워크숍

학생들은 기초 단계의 정보를 습득하여 이 단계에 맞는 과업을 완성하며, 기초 단계의 지도를 받는다.

• 3단계 : 심화 워크숍

학생들은 심화 단계의 정보를 습득하여 이 단계에 맞는 과업을 완성하며, 심화 단계의 지도를 받는다.

• 4단계 : 발표/성찰

학생들은 기초 단계와 심화 단계에서 학습한 것을 발표하고 전이 단계의 문제를 해결한다. 더불어 자신의 학습 과정을 반추한다.

같은 교실 안에 있어도 학생들의 학습 수준이나 능력은 천차만별일 수 있다. 즉, 기초 단계의 지식도 없는 학생들이 있는가 하면 이미 더 높은 단계의 학습이 가능한 학생도 있다. 세 가지 설계 혁신이 가진 미덕은 바로 학습자가 어떤 단계에 있더라도 적절히 지원할 수 있는 다양한 전략을 교사에게 제공한다는 점이다. 나아가 교사는 이러한 설계 과정을 통해 학생들에게 배운 것을 다양한 상황에 적용하는 여러 가지 방법을 제시할 수 있으며, 학습자가 자신의 학습을 평가하는 능력을 계발할 기회도 제공할 수 있다.

이제 철저한 PBL 설계를 통해 PBL에 대한 잘못된 해석이나 수박 겉핥기식의 실천을 근절해야 한다. PBL이 심층 학습에 효과적이라는 연구 결과가 분명히 존재하지만, 이는 오직 학습자가 기본적인 내용을 잘 알고 관련 개념을 서로 연계하여 이해할 수 있으며, 배운 것을 확장할 기회를 적극적으로 찾고 있을 때 가능한 일이다. "문제기반학습에 의해 가장 영향을 받는 것은 개념이나 지식보다는 그 지식의 근간을 이루는 원리와 적용이다. 지식의 습득이 아니라 지식의 적용이야말로 문제기반학습을 성공으로 이끄는 핵심 요인이다."라는 하티(2011)의 주장처럼 프로젝트 설계 시 몇 가지 변화를 시도함으로써 모든 학습자가 수준 높은 학습을 하게 될 가능성을 높일 수 있을 것이다.

PBL의 장점은 학생들에게 지식과 기능을 전이 단계의 문제에 적용하게 될 것이라는 분명한 기대를 제공하는 데 있다. 이러한 PBL의 장점을 모든 단계의 모든 학습자가 누릴 수 있게 하려면 세 가지 구체적인 혁신 – 목표의 명료화, 적절한 도전 과제와 개입, 자신감을 심어 주는 문화 – 이 반드시 끊임없이 강조되고 적용되어야 한다. 학습목표의 명료화는 효과크기가 0.75에 이르는데, 이 정도는 학생의 학습에 엄청난 효과가 있다는 뜻이다(효과크기가 0.4 이상이면 학습에 상당한 효과가 있다고 본다. – 역자 주). 또한 적절한 도전 과제의 제공은 0.73의 효과크기를 보여주며, 학습에 대한 자신감 향상은 0.54와 1.44의 효과크기를 보였다. 이 세 가지 전략이 통합되면 PBL이 학생의 학습을 촉진시키고 자신감을 향상시키는 데에 가장 효과적이고 효율적인 방법이 되리라는 것은 의심할 여지가 없다.

● ● ●

교사와 학생 모두의 과제는 학습효과를 낼 가능성이 높은 행위에만 전념하는 일이다. 골드 스탠다드 PBL과 같은 기준과 함께 설계상의 구체적인 변화가 함께할 때 PBL이라는 교수법은 훨씬 더 효과적일 수 있다. PART3부터는 이러한 변화를 위한 구체적인 전략과 사례를 살펴보도록 하자.

🏛 생각해볼 문제

● 프로젝트 설계에 세 가지 혁신이 반드시 필요한 이유는 무엇인 가?

● PART2에서 새로 알게 된 점은 무엇이며, 자신의 수업 실천에 어떤 영향을 주었는가? 새로운 고민은 무엇인가? 자신의 생각과 다른 부분이 있는가? 궁금한 점은 무엇인가?

● 동료와 나누고 싶은 PBL에 관한 중요한 내용은 어떤 것들인가?

● PBL을 실천함에 있어 가장 어려운 점은 무엇이며, 이 교수법의 장점과 가능성은 무엇인가?

● 세 가지 설계상의 변화는 학생의 학습에 어떤 영향을 주는가?

● PBL 교실에서 교사로서 자신의 역할은 무엇이라고 생각하는가?

📚 활동하기

벅 교육협회(http://bie.org/project_search)나 YouCubed(https://www.youcubed.org/tasks) 홈페이지에 접속한 뒤 학생들에게 가르치고 싶은 내용과 관련된 프로젝트(또는 문제)를 하나 골라보자. 그리고 아래의 〈표 2.4〉를 이용하여 그 프로젝트를 검토하면서 설계상 세 가지 혁신이 반영되어 있는지 찾아보자.

- 세 가지 설계 혁신이 이루어졌음을 보여주는 증거로 어떤 것들이 있는가?
- 세 가지 혁신 중 이 프로젝트에서 찾아볼 수 없는 요소는 무엇인가?
- 이 프로젝트에 세 가지 혁신이 모두 일어나도록 어떻게 개선할 것인가?

〈표 2.4〉 설계 혁신 점검표

	설계 혁신 I 학습목표의 명료화	설계 혁신 II 도전적 과제와 적절한 개입	설계 혁신 III 자신감을 촉진하는 문화
프로젝트 검토 시 확인할 내용	• 도입활동이나 채점 기준표와 같은 프로젝트의 자료에서 분명한 학습목표가 확인된다. • 프로젝트 자료에서 성공기준이 쉽게 확인된다.	• 기초, 심화, 전이 학습의 각 단계에 특화된 수업 또는 학습 활동이 있다. • 수업이나 워크숍이 기초부터 전이 단계로 이어지는 프로젝트의 일정에 맞게 잘 배치되어 있으며, 내용과 순서에 있어 타당하다.	• 절차와 지침이 있다. • 학생의 의사와 결정권을 촉진하는 도구와 과정이 존재한다.

프로젝트 개발 시 포함할 내용	• 핵심 학습목표를 확인한다. • 기초(단일 개념/기능), 심화(복수 개념/기능), 전이(지식과 기능의 적용) 단계별로 성공기준을 개발한다. • 기초, 심화, 전이 단계별로 질문을 개발한다. • 기초, 심화, 전이 단계별로 다양한 과제를 개발한다. • 학생들에게 프로젝트의 기대치(학생들이 무엇을 어느 수준까지 해야 하는지 – 역자 주)를 소개하는 자료를 개발한다. • 과업 특수 채점기준표를 제공한다.(역량 기반 채점기준표의 사용도 고려한다.)	• 기초, 심화, 전이 단계의 학습목표에 따라 워크숍을 조직한다. • 기초, 심화, 전이 단계의 학습목표에 따라 워크숍의 순서를 정한다. • 프로젝트 일정표에 주요 활동을 기입한다. • 교수 개입을 위해 '네 가지 질문(PART4 참고)'의 활용을 위한 계획을 수립한다. • '알아야 할 것' 목록을 활용한다.	• 학생 스스로 자신의 학습을 점검할 수 있게 해주는 절차와 지침을 개발한다. • 학생의 결정권을 보장하는 절차와 지침을 개발한다.
프로젝트 개발 또는 검토 시 활용할 질문	• 내용 목표는 무엇인가? • 기초, 심화, 전이 단계의 목표는 무엇인가? • 프로젝트의 문제상황은 무엇인가? 어떤 상황으로 대체할 수 있는가? • 평가에는 학습목표가 분명하게 반영되었는가?	• 학생은 기초, 심화, 전이 단계의 학습목표에 어떻게 도달하는가? • 기초, 심화, 전이 단계별 워크숍들은 학습목표 달성에 용이하게 배치되어 있는가? • 교사는 학생의 성장과 실력을 어떻게 파악하는가?	• 학생은 자신의 의사와 선택권을 어떻게 발휘하는가? • 학생은 자신의 성장과 실력을 어떻게 점검하는가? • 학급 전체는 어떤 식으로 피드백을 주고받는가? • 학급 전체는 어떤 방식으로 의사결정을 내리는가?

🏛 다음 단계로 나아가기

● 세 가지 설계 혁신에 대해 알고 있는 것과 앞으로 알아야 할 것을 적어본다. 그리고 이 책을 읽으면서 자신의 사전 지식에 반하는 부분은 어디였으며 사전 지식에 부합하는 부분은 어디였는지 파악한다. 나아가 이 책을 읽으면서 생기는 의문점을 계속해서 적어보고 그 질문들이 기초에서 심화, 전이 단계로 변모해가는 과정을 반추해본다.

● 동료들과 함께 현재 자신이 PBL에 대해 갖고 있는 지식은 어떤 것들이 있는지 알아보고, 그 지식에 기초하여 내린 추론이나 암묵적 전제를 함께 검토해본다. 예를 들어 "수업에서 교사가 중요한 역할을 한다"는 지식을 갖고 있다고 치자. 이 내용을 바탕으로 여러 가지 추론이나 전제가 나올 수 있다. 이런 활동은 우리가 PBL을 운영할 때 전제로 삼는 암묵적인 원칙들을 검토해볼 아주 좋은 기회가 된다. 그다음에야 비로소 PBL의 설계와 실행을 개선하기 위한 다음 단계를 구상할 수 있다. 활동의 원활한 진행을 위해 다음의 프로토콜을 활용해보자.

참가자들은 다음 절차를 통해 사실과 추론/전제를 정확히 구분할 수 있으며, 나아가 개인과 집단을 위한 효과적인 의사결정을 내릴 수 있다.

소요 시간 : 35분

시작 단계 (5분)
- 이 프로토콜의 목적을 검토한다.
- 서로 합의한 지침(또는 기준)을 공유한다.
- 진행자와 참가자를 확인한다.

상황 진술 : 어떤 문제인가? (10분)
- 진행자는 한 참가자에게 당면한 어려움이나 문제, 혹은 상황을 간략히 설명하도록 요청한다.
- 진행자는 다른 참가자들에게 확인 질문을 하게 한다.

상황의 완전한 이해 : 왜 중요한가? (10분)
- 진행자는 문제에서 어떤 암묵적인 추론이나 전제가 도출되었는지 묻는다. (우리가 당연한 것으로 여기는 것은 무엇인가? 이 밖에 다른 전제로는 어떤 것들이 있을까?) 진행자는 이 내용을 "왜 중요한가?"라는 제목 밑에 추가한다.
- 진행자는 참가자들에게 이 문제에 영향을 받는 사람들을 모두 떠올려보라고 한 뒤 그들이 이 문제와 관련하여 어떤 내용을 상정하고 있을지 생각해보게 한다.

조치 취하기 : 그렇다면 해결책은? (10분)
- 이제 진행자는 참가자 각자에게 앞으로 취할 수 있는 구체적인 조치 3~4가지를 포스트잇에 적게 한다. 진행자는 "우리에게 더 필요한 내용은 무엇일까?", "어떤 전제를 점검해야 할까?", "해결 방안에 다가가기 위해 취할 수 있는 타당한 조치는 무엇일까?"와 같은 질문을 던진다.
- 진행자는 "다음 단계"라고 쓴 뒤 참가자들에게 그 밑에 포스트잇을 붙이게 한다. 참가자들은 내용에 따라 포스트잇을 분류할 수 있다. 단, 이 활동 중에는 서로 말을 하지 않는다.

- 진행자는 참가자 전체에게 내용이 어떻게 분류되어 있는지, 즉 다음 단계와 관련하여 주로 언급된 주제들이 무엇인지 묻는다.
- 진행자는 문제 진술 단계에서 문제를 소개했던 참가자에게 현재 염두에 두고 있는 계획을 공유하고 싶은지 물어본다. 그런 다음 진행자는 그 참가자에게 실천 절차와 성과를 어느 시점에 검토해보면 좋을지 물어본다.
- 절차를 마무리한다.

어둠 속에서
가르치는 것이
효과가 있을지 의문이다.

– 드보라 타바(Deborah Taba), 힐다 엘킨스(Hilda Elkins)

Part 3

· · ·

설계 혁신 I :
목표의 명료화

Project based learning

● 1996년 일렉트로닉 아트사Electronic Arts에서 출시한 테트리스는 위에서 내려오는 여러 가지 모양의 블록을 이리저리 움직여 한 줄을 꽉 채우면 그 줄이 없어지는 비디오 게임이다. 게임이 진행될수록 블록이 떨어지는 속도가 빨라지는데, 블록이 화면 끝까지 쌓여버리면 게임이 끝나기 때문에 그런 일이 일어나지 않도록 더욱더 빨리 움직이면서 블록을 없애야 한다.

비디오 게임의 중독성은 가히 믿기 어려울 정도인데, 테트리스가 그 이유를 아주 잘 보여준다. 바로 게임을 하는 사람에게 요구하는 바가 분명하고(블록을 움직여 완전한 한 줄을 만들면 된다), 학습이 어떻게 진행되는지 분명히 알 수 있으며(게임에 능숙해지면 더 어려워진다), 명확한 피드백을 주고(완전한 한 줄을 만드는 데 블록이 맞는지 안 맞는지 바로 보인다), 게임에 숙달되도록 기회가 여러 번 주어진다(게임을 여러 번 다시 하면서 매번 다른 방법을 적용해볼 수 있다).

비디오 게임에서는 "내가 해야 할 일은 무엇인가? 나는 잘하고 있는가? 더 잘하기 위해서는 무엇을 해야 하는가?"처럼 학습을 촉진시키는 중요한 질문에 대한 답을 쉽게 얻을 수 있다. 게임은 단계마다 정해진 기준에 따라 즉각적인 피드백을 주며, 같은 전략을 유지하든 바꿔가면서 하든, 게임에서 이기고 게임을 잘하게 될 기회가 굉장히 많다. 또 비디오 게임의 목적은 누구나 금방 알 수 있다. 이와 같은 요소들은 학습에서도 대단히 중요한데, 이미 여러 연구에서 목표를 명확히 밝히는 일이 학습의 중요한 동기 요인이며, 학습에 실질적인 영향을 주는 요소라는 것이 입증되었다(Clarke, 2015).

교실 상황에서는 테트리스나 앵그리버드 게임에 빠지게 만드는 요소를 다음과 같은 질문으로 바꿔서 생각해볼 수 있다.

1. 내가 하는 학습의 목표는 무엇인가?
2. 현재 나는 학습 과정의 어디쯤에 있는가?
3. 내가 다음에 할 일은 무엇인가?
4. 나를 비롯한 다른 사람들의 학습을 어떻게 증진시킬 것인가?

이러한 질문이 바로 학습자에게 기초, 심화, 전이 단계의 학습목표를 명확히 인식시킨다는 수업 설계의 핵심을 이룬다. 이런 수업에서는 학생들이 자신의 현재 수준을 분명히 알 수 있기 때문에 목표에 도달하기 위해 어떤 조치가 필요한지 파악할 수 있다.

수업 설계instructional design란 프로젝트(혹은 단원이나 수업)를 통해 학생의 지식과 기능을 훨씬 높은 수준으로 끌어올리기 위한 계획을 수립하는 힘든 일이다. 이를 해내기 위해서는 학습의 목표가 명확해야 하고 여러 수행 단계가 정립되어야 하며, 학생들이 차례로 거쳐 갈 각 단계를 위한 계획이 체계적으로 수립되어야 한다. 이 PART에서는 학생들이 "학습의 목표는 무엇인가?"라는 첫 번째 질문에 분명하게 답할 수 있도록 프로젝트를 설계하는 방안에 주력하고자 한다.

분명한 학습목표를 위한 두 가지 과제 ──────

● 앞선 비디오 게임 사례에서 알 수 있듯이, 명확한 목표는 우리를 새로운 것을 배우는 일로 이끈다. 존 하티와 그레고리 도노휴Gregory Donoghue는 자신에게 무엇이 기대되는지 알고 있는 학생들은 "학습 전략을 더욱 영리하게 사용하여 학습에서 성공의 기쁨을 누릴 가능성이 높으며, 이후 더 많은 성공기준에 도전할 가능성도 더 높다"고 주장하였다(2016). 직업 세계나 일반 심리학에서도 업무의 목표를 분명히 아는 것이 주요 동기 요인으로 입증되었으며(Lencioni, 2015 ; Pink, 2011), 학습에도 상당한 영향을 준다(Hattie, 2009). 자신이 무엇을 해야 하는지 이해하고 이를 설명할 수 있게 되면 스스로를 평가하고(목표 대비 나의 위치는 어디인가?), 계발하며(나는 이제 무엇을 해야 하는가?), 필요한 지원을 요청(나를 도와줄 수 있는 사람은?)하는 능력이 생기게 되며, 이를 통해 학습자는 자신의 학습을 증진시키고 자신감을 기르게 된다.

제대로 설계된 프로젝트기반학습이나 문제기반학습의 두드러진 속성 중 하나는 바로 프로젝트의 시작과 함께 분명한 학습목표와 성공기준이 제시된다는 점이다(〈표 3.1〉 참고). 특히 프로젝트 개시 단계에서 교사는 학생에게 프로젝트 기간 중 달성해야 할 기초, 심화, 전이 단계별 학습목표를 소개한다.

일찍부터 명확한 학습목표를 전달받게 되면 학생들은 앞으로 몇 주에 걸쳐 학습이 어떤 식으로 진행되는지 분명히 알게 된다. 또 학생들

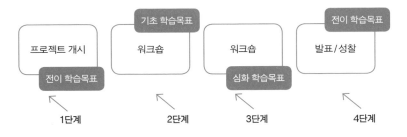

〈표 3.1〉 프로젝트기반학습의 진행 단계

은 2단계와 3단계의 기초 및 심화 단계의 학습이 전이 단계의 학습목
표와 직결된다는 것을 잘 알고 있기 때문에 그러한 학습이 필요한 이
유를 명확히 아는 상태에서 학습 활동에 임하게 된다. 한편 학습에 대
한 높은 기대치를 설정하고 사전에 이를 터놓고 보여줌으로써 교사는
아이들에게 '선생님은 너희들이 이처럼 높은 수준의 학습도 가능하다
고 믿는다.'는 무언의 메시지를 보내게 되는데, 이는 이런 설계의 부수
적 효과라 하겠다.

이러한 명확성을 확보하기 위해서는 설계 시 교사에게 두 가지 과
제가 요구된다.

1. 학습목표와 성공기준에서 문제상황이나 과업에 관한 내용 제거하기
2. 기초, 심화, 전이 단계별 목표를 체계적으로 배열하기

_ 첫 번째 과제 : 학습목표와 성공기준에서 문제상황이나 과업에 관한 내용 제거하기

학습목표와 성공기준의 명확성을 확고히 하기 위해서는 교사에게 두 가지 흥미로운 과제가 주어지는데, 그 첫 번째가 바로 문제상황과 관련이 있다. 프로젝트는 태생적으로 문제상황에 대한 정보가 풍부할 수밖에 없기 때문에 학생들이 프로젝트의 문제상황을 학습목표나 성공기준과 혼동하지 않도록 도와주어야 한다.

예를 들면, 다음에 소개하는 〈주치의 프로젝트〉에서 학생들은 병원에서 이루어지는 질병의 진단과 예후, 환자를 위한 치료 계획과 같은 일에 지적 노력을 집중하기 쉽다. 물론 그러한 사례 안에 프로젝트 산출물의 학습목표가 존재하기 때문에 그런 노력이 불필요하다고 말하기는 어렵다. 그러나 교사가 잊지 말아야 할 것은 학생들이 박테리아나 바이러스와 같은 원생생물이 면역체계에 미치는 영향을 이해하고 설명할 수 있어야 한다는 점이다.

〈주치의 프로젝트〉는 '면역체계'라는 학습 내용을 학생에게 소개하기 위한 문제상황, 다시 말해 수단에 불과하다. 학생들이 프로젝트의 학습목표와 성공기준을 이해하지 못하면 이 프로젝트에서 배운 내용을 다른 상황에 적용하기 어렵게 되며, 교사가 의도했던 기초 단계와 심화 단계의 지식도 습득하지 못할 것이다.

주치의 프로젝트

먼저 학생들에게 인근 병원에 입원한 한 환자의 상세 정보를 제공한다. 해당 병원의 보건 전문가들은 학생들이 질병을 진단하여 치료 계획을 수립하고 예후를 파악할 수 있는지 알아보고자 한다. 이 전문가들은 몇 주 후에 있을 발표회에 참석하여 학생들이 환자의 치료를 위해 세포 생물학, 미생물학, 면역학 지식을 어떻게 활용하였는지 살펴볼 예정이다.

이 프로젝트의 개요를 읽으면서 다음 질문을 생각해보자.
– 이 프로젝트의 핵심 학습목표는 무엇인가?
– 이 프로젝트의 기초, 심화, 전이 단계별 성공기준은 각각 무엇인가?
위 질문에 답이 끝나면 〈활동 3-7. 프로젝트 엿보기 1〉을 한다.

학습목표와 성공기준을 프로젝트의 문제상황에서 의식적으로 분리시켜 이해하려는 노력을 통해 학생들은 자신이 공부한 내용을 다양한 방식으로 표현할 수 있으며, 그 내용을 다양한 상황에 쉽게 적용할 수 있다.

다음 사례를 살펴보자. 한 교사가 두 개의 다른 학생 집단을 대상으로 같은 프로젝트를 실시하였다. 첫 번째 집단에게는 문제상황이 포함된 학습목표를 소개하였고(학생들은《골디락스와 곰 세 마리》(어린이 동화 – 역자 주)를 관점을 달리하여 고쳐 쓰라는 과제를 받았다), 다른 집단에게는 문제상황을 제거한 학습목표를 먼저 제시한 다음 문제상황을 따로 소개하였다(이 학생들은 전래 동화 하나를 관점을 달리하여 고쳐 쓰라는 과제를 받았다). 흥미롭게도 두 번째 집단의 아이들은 자신이 무엇을 해야 하는지 이해하였지만, 첫 번째 집단은 배워야 할 내용에 집중하지 못하고 '골디락스 이야기'라는 문제상황에 고착된 모습을 보였다.

딜런 윌리엄(2011)은 학습목표, 문제상황, 불분명한 학습목표의 예를 〈표 3.2〉와 같이 제시하였다.

〈표 3.2〉 학습목표와 문제상황의 분리

학습목표	강렬한 정서 반응을 동반하는 명제에 대한 찬성 또는 반대 논거를 제시한다.
문제상황	조력자살(assisted suicide)
불분명한 학습목표	조력자살에 대한 찬성 또는 반대 논거를 제시한다.

이처럼 학습목표와 성공기준이 문제상황과 뒤섞이게 되면 교사와 학생 모두에게 학습의 목적과 기대치를 분명히 이해하는 데 방해가 된다. 학습목표와 성공기준 안에 과업이 함께 제시되는 경우도 마찬

가지다. 셜리 클라크(Shirley Clarke, 2008)는 "학생들은 가장 구체적인 요소에 필요 이상의 관심을 보이는데, 이렇게 되면 학생들의 생각과 대화가 '무엇을 배우는가?'보다는 '지금 무엇을 하고 있는가?'에 집중될 가능성이 더 높다."고 주장한다.

아래 〈관점과 전제〉 프로젝트 사례에서 학생들은 특정 관점에 대한 논설문을 써야 한다. 핵심 학습목표는 관점perspective과 그 관점에 내포된 전제assumptions를 이해하는 내용이다. 성공기준은 다양한 상황에 대한 관점과 그 관점에 내포된 여러 가지 전제를 정의하고 관련지어 이해하고 적용하는 일이다. 논설문은 이 학습목표를 달성했음을 보여주는 한 가지 방법에 불과하다. 중요한 것은 학습목표와 성공기준이 문제상황이나 과업에 따라 달라져서는 안 된다는 점이다. 한편 학생에게는 자신이 배운 것을 다양한 상황에서 다양한 방식으로 표현할 기회가 있어야 한다. 즉, 다양한 과업과 문제상황이 주어져야 한다는 뜻이다.(이 내용은 PART5에서 구체적으로 다루겠다.)

관점과 전제

이 프로젝트에서 학습자는 관점과 전제의 중요성에 관한 논설문을 작성해야 한다. 이를 통해 학습자는 이러한 내용을 정확히 이해하여 타인의 입장에 공감하는 한편, 제대로 검증되지 않은 추론과 주장, 관점이 어떻게 예기치 않은 결과를 낳는 행위로 이어지는지를 이해하게 된다. 학습자는 먼저 유럽에 살고 있는 중동 및 아프리카 이민자를 다룬 여러 작품의 일부와 《베어울프와 그렌델Beowulf and Grendel》을 읽는다. 그런 다음 관점이나 전제, 주장과 같은 요소가 개인이나 지역 사회, 그리고 국제적 차원의 의사결정과정에 어떻게 작용하는지를 파악한다.

이 프로젝트의 개요를 읽으면서 다음 질문을 생각해보자.
– 이 프로젝트의 핵심 학습목표는 무엇인가?
– 이 프로젝트의 기초, 심화, 전이 단계별 성공기준은 각각 무엇인가?
– 이 프로젝트의 학습목표와 성공기준을 달성하기 위해 활용할 수 있는 또 다른 문제상황으로는 어떤 것들이 있을까?
위 질문에 답이 끝나면 〈활동 3-7. 프로젝트 엿보기 2〉를 한다.

_ 두 번째 과제 : 기초, 심화, 전이 단계별 목표를 체계적으로 배열하기

두 번째 과제는 학생들이 전이 단계의 질문과 과업을 해결하는 데 필요한 여러 가지 학습 과업을 난이도에 따라 타당하고 섬세하게 배치하는 일이다. PBL 수업에서는 기초, 심화, 전이 단계별 학습목표와 성공기준이 학생들에게 반드시 전달되어야 하는데, 다음과 같은 방식이 유용하다(〈표 3.3〉 참고).

<표 3.3> 기초, 심화, 전이 단계별 학습을 나타내는 동사

지식 습득		의미 창조	활용
단일 하나의 개념, 사상, 기능	**다수** 하나 이상의 개념, 사상, 기능	**연결** 여러 개의 개념, 사상, 기능을 연관 지어 이해	**확장** 개념, 사상, 기능을 전이

• 이름을 대다
• 말하다
• 재진술하다
• 정의하다
• 육하원칙을 기술
  하다
• 확인하다
• 회상하다
• 암기하다
• 알아보다
• 이름을 붙이다
• 위치를 알다
• 연결하다
• 측정하다
• 단순한 문제를 풀다
• 규칙을 활용하다
	• 몇 가지 요소를
	  나열하다
	• 상황을 들어 묘사
	  하고 설명하다
	• 분류하다
	• 사례와 반례를
	  제시하다
	• 하나의 절차를
	  수행하다
	• 요약하다
	• 추정하다
	• 여러 가지 모형을
	  이용하여 절차를
	  수행하다
	• 간단한 모형을
	  만들다
	• 복잡한 문제를 풀다
		• 근거를 들다
		• 정리하다
		• 개요를 설명하다
		• 해석하다
		• 요약하다
		• 관계나 절차를
		  설명하다
		• 비교하다
		• 대조하다
		• 종합하다
		• 입증하다
		• 인과관계를
		  보여주다
		• 비평하다
		• 분석하다
		• 논증하다
		• 가치를 살펴보다
		• 분해하다
		• 결론을 내다
		• 규칙을 확장하다
		• 추론하다
		• 예측하다
		• 비구조화된 문제
		  를 풀다
			• 재구성하여 다른
			  구조를 만들어내다
			• 만들어내다
			• 일반화하다
			• 산출물을 발표하다
			• 설계하여 실행하다
			• 협업하다
			• 평가하다
			• 가설을 세우다
			• 새로운 일에 나서다
			• 성찰하다
			• 연구하다

– 출처 : Larry Ainsworth, 2016

- 기초 단계 : 단일 또는 다수의 사상이나 기능 이해
- 심화 단계 : 사상과 기능을 결합하거나 연결하여 이해하기
- 전이 단계 : 사상과 기능을 확장하기

PBL이 기초 지식의 습득에 있어서는 다소 불리하지만 전이 단계의 활동을 위한 기초 학습이 잘 되어 있는 경우 상당한 성과를 보인다는 점은 PART2에서 이미 밝힌 바 있다. 핵심 내용과 기능이 다양한 상황에 전이된다는 PBL의 장점을 유지하는 한편, 기초 학습과 관련된 결점을 보완하기 위해서는 프로젝트를 설계할 때 다음 두 가지를 기억해야 한다.

• 학생들이 기초, 심화, 전이 단계별 학습목표와 성공기준을 분명히 알도록 한다.
• 학습목표와 성공기준은 문제상황이나 과업과 철저히 구분하여 제시한다.

명확한 학습목표와 성공기준의 선정을 위한 절차

● 다음은 앞서 말한 두 가지를 실현할 구체적인 절차이다.

- 1단계 : 핵심 학습목표를 중요도에 따라 순서대로 나열한다.
- 2단계 : 기초, 심화, 전이 단계별 성공기준을 고안한다.
- 3단계 : 학습목표 및 성공기준에 맞춰 탐구질문을 만들고 몇 가지 문제상황을 찾는다.
- 4단계 : 기초, 심화, 전이 단계별 학습에 맞는 다양한 과업을 개발한다.
- 5단계 : 학습자에게 학습목표와 성공기준을 안내할 도입활동을 개발한다.

이 과정이 한눈에 들어오도록 〈표 3.4〉에 프로젝트 설계 양식을 제시한다(〈부록2〉에 이 조건에 부합하는 프로젝트 사례를 여러 편 수록하였으니 참고하기 바란다.) 이 PART에서는 〈표 3.6〉에 몇 가지 사례만 간략하게 소개하도록 하겠다.

_ 1단계 : 핵심 학습목표를 중요도에 따라 순서대로 나열한다

학습목표는 학생들이 알아야 할 것(내용)과 할 수 있어야 하는 것(기능)을 명시적으로 설명한 간략한 진술이다. 이 진술은 프로젝트 설계에서 가장 기본이 되는 단계로서, 교사와 학생 모두에게 프로젝트가 진행되는 동안 계속해서 참고하는 등대와 같은 역할을 한다. 핵심 학습목표를 선정하려면 학습자가 기초, 심화, 전이 단계별로 반드시 배울 필요가 있다고 생각되는 주요 성취기준standards을 중요한 순서대로 나열해보면 된다.

대다수의 교육과정 문서에는 1년 안에 소화하기엔 지나치게 많

<표 3.4> 프로젝트 설계 양식

프로젝트 설계		
1단계 : 학습목표		
2단계 : 성공기준		
기초	심화	전이
3단계 : 탐구질문		
문제상황 :		
4단계 : 과업		
기초	심화	전이
5단계 : 도입활동		
시나리오 : 학습목표 : 의뢰인/청중 : 형식 :		

다 싶은 학습목표가 있다(Popham, 2011). 실제로 로버트 마르자노 Robert Marzano는 "이 모든 내용을 모두 배우려면 교육기간을 12학년에서 22학년으로 늘려야 할 판이다. (중략) 아이러니하게도 성취기준의 개수가 바로 성취기준을 가르치는 데 가장 큰 걸림돌"이라고 말한다(Scherer, 2001). 학생들에게는 진도를 나가는 것도 중요하지만 다양한 개념에 여러 번 노출될 기회 또한 필요하며, 자신이 배운 내용과 기능을 이해하고 서로 연관 지어 이를 확장하거나 전이시키기 위한 분산학습spaced practice(학습 전략의 하나로, 학습이 제대로 이루어지려면 짧은 연습이 오랜 기간에 걸쳐 여러 번 이루어져야 한다는 전략을 말한다. - 역자 주)도 필요하다(Nuthall, 2007). 따라서 교사는 아이들에게 필수 지식과 기능을 익히는 데 반드시 필요한 기준들의 우선순위를 따져보아야 한다.

이 단계에서는 학생이 배워야 할 지식과 기능에만 집중하도록 하고 학습목표 진술 속에 과업이나 산출물과 관련된 내용이 포함되지 않

〈표 3.5〉 양질의 학습목표 선정을 위한 질문

- 이 학습목표는 시험이 끝난 뒤에도 학생들에게 지식과 기능을 제공하는가?
- 이 학습목표는 여러 과목에서 중요하게 여기는 지식과 기능을 제공하는가?
- 이 학습목표는 다음 학년의 원활한 학습에 필요한 기능을 제공하는가?
- 국가성취기준의 순서나 일정에 부합하며, 지역 및 세계 교육계뿐만 아니라 지역 사회에서 중요하게 여기는 내용을 배우게 하는가?
- 학생들은 이 내용을 공부하는 데 필요한 선행 지식을 갖추고 있는가?
- 앞으로 배울 단원이나 수강할 과목에 이 내용이 다시 나오는가?
- 해당 학습목표에 등장하는 지식이나 기술은 일반적인 설명문이나 서사문을 다룰 정도의 독해력으로 이해할 수 있는 수준인가?

도록 주의해야 한다. 산출물이나 과업은 학습목표의 달성 여부를 보여주는 수단에 불과하다. 내용과 기능에 집중하게 되면 학습의 결과를 어떻게 표현할지 결정할 때 교사나 학생 모두 유연성을 발휘할 수 있다. 물론 국어 과목처럼 과업 자체가 학습목표인 경우도 있긴 하다. 예를 들어 주장하는 글을 쓰는 법을 배워야 하는 경우 학습목표 역시 "우리는 주장하는 글을 쓰는 법을 배울 것이다"가 될 것이다.

〈표 3.6〉 학년별 학습목표 및 프로젝트 예시

- 유치원 : 동식물이 생존을 위해 자신의 환경을 바꾸는 이유를 말할 수 있다.
- 6학년 : 인과관계를 보여주는 글을 작성할 수 있다.
- 9학년(중학교 3학년) : 세포핵에서 전사된 RNA가 리보솜에서 단백질로 번역되는 과정에 이상이 생겼을 때 예측되는 여러 가지 단백질 합성의 결과를 설명할 수 있다.

프로젝트 1. 도대체 어떤 곤충일까?

- 대상 : 유치원 | 과목 : 과학

이 프로젝트는 과학 교과의 성취기준 중 생태계와 관련된 몇 가지를 다룬다. 아이들에게는 '지역 원예업자들이 해충의 피해를 줄이기 위해 외래 천적을 들여와야 하는가?'라는 질문이 주어진다. 그리고 에너지 소비의 측면에서 생산자(식물), 소비자(동물), 환경의 상호작용을 이해하기 위한 시간을 가진다. 아이들은 또한 환경에 영향을 주는 인간의 활동과 그러한 활동이 지역과 전 세계 환경에 미치는 결정적인 영향을 알아본다.

기초, 심화, 전이 단계별 과업과 워크숍을 통해 학생들은 과학적 사고력의 기반을 다질 것이다. 프로젝트의 마지막 단계에서 아이들은 물고기 남획 문제를 탐구하는 한편, 이러한 인간의 반작용이 에너지 소비를 어떤 식으로 교란시키는지를 알아본다. 물고기 남획이라는 이 새로운 문제상황은 소비자, 생산자, 환경, 인간 사이의 상호작용에 초점을 두고 있다. 그러나 동시에 이 프로젝트에서 다루었던 어떤 지역에 외래종을 유입시키는 문제에서 한 걸음 더 나아가, 의도적인 종의 제거(물고기 남획과 같은)가 환경에 미치는 영향을 새로운 시각으로 볼 수 있게 해준다.

프로젝트 2. 생활 속 비(Ratios)와 비율(Rates)
- 대상 : 6학년 | 과목 : 수학

단위비율(unit rates)을 이해하여 실생활에 적용하는 프로젝트이다. 학생들은 비율을 이해하고 단가(unit pricing)나 정속도(constant speed) 같은 비율을 계산하는 법을 익혀야 한다. 프로젝트를 해내려면 비율에 대한 자신의 지식을 부동산 분야에 적용하거나, 구체적으로는 장단기 평가에 작용하는 흡수율(absorption rates)이 지역 사회에 어떤 영향을 미치는지 이해해야 한다. 이 프로젝트는 동일한 수학적 지식을 다른 상황에 적용해보는 문제(해결하는 데 하루쯤 걸리는)로 마무리된다. 예를 들어 상표가 다른 여러 가지 종이타월의 흡수율을 파악하여 그러한 정보가 소비자의 의사결정에 어떤 영향을 미치는지 알아보는 문제가 제시되기도 한다.

프로젝트 3. 제국주의의 역사와 미래
- 대상 : 고등학생 | 과목 : 사회, 국어 통합

이 프로젝트의 목적은 선진국이 개발도상국에 미치는 막대한 영향력을 이해시키는 데 있다. 특히 선진국이 다른 나라와 교류하려는, 궁극적으로는 영향력을 행사하려는 군사적, 사회적, 경제적 이유를 집중적으로 다루며, 그러한 관계가 쌍방에 미치는 긍정적, 부정적 영향을 살펴본다. 학생들은 이 프로젝트를 통해 최신 쟁점을 살펴보는 기회를 갖게 된다.

먼저 학생들은 미국이 ISIS의 출현과 유지에 어떤 역할을 하고 있는지 이해하고, 그러한 문제를 둘러싼 국내외의 우려를 어떻게 종식시킬 것인지 생각해보아야 한다. 그다음 역사적 경향성을 살펴보면서 유럽 제국주의의 원인과 특징, 영향을 알아보고 그러한 경향성이 현대 국가의 행위 속에 어떻게 나타나는지 철저히 이해하게 된다. 프로젝트의 최종 단계에서는 신생 제국주의 국가와 제국주의의 확산(예를 들면 대만에 대한 중국의 행위와 같은) 사례를 살펴보고, 미국이 국제 사회에서 어떤 역할을 해야 하는지 고민한다.

프로젝트 4. 우화, 그리고 미래를 위한 교훈
- 대상 : 3학년 | 과목 : 국어

이 프로젝트는 분명한 근거를 들어 특정 관점을 지지하는 글을 쓰는 과정을 통해 3학년 학생들의 작문 능력을 향상시키고자 한다. 최종 과제에서 만점을 받기 위해서는 자신의 생각을 명확하게 전달하는 한편 그 주장을 뒷받침할 철저하고 정확한 근거를 제시해야 한다. 이 프로젝트가 효과적으로 이루어지려면 학생들이 새로운 작문 기법들을 익히는 데 집중할 수 있도록 낯선 소재를 제시하기보다는 이전 학년에서 배웠던 내용을 활용하는 것이 좋다. 아이들은 2학년 때 상당 기간 다양한 문화권의 우화나 전래 동화 같은 이야기를 배우면서 그 이야기가 주는 교훈이 무엇인지 알아보았는데, 이 프로젝트는 학생들의 이러한 배경지식을 활용한다.

프로젝트는 부모님과 지역 주민, 교사 및 친구들 앞에서 자신의 글을 직접 발표하는 자리를 가지면서 마무리된다. 발표에는 질의응답의 기회도 주어지는데 이때 아이들은 자료 조사는 어떻게 이루어졌고 어떻게 지금의 결론에 이르게 되었는지 밝혀야 한다. 발표가 끝나면 교사는 학생들에게 친숙한 주제를 골라 그 문제에 대한 자신의 주장을 밝히는 짧은 글쓰기 과제를 낸다.

_2단계 : 기초, 심화, 전이 단계별 성공기준을 고안한다

성공기준은 학습목표를 달성하기 위해 기초(단일 사상/기능), 심화(다수의 사상/기능), 전이(사상/기능의 적용)라는 각 단계에서 학생이 무엇을 할 수 있어야 하는지를 구체적으로 진술한다. 이때 균형 잡힌 식사를 떠올리면 좋다. 사람은 단백질이나 곡물만 먹고 살 수 없다. 건강한 삶을 도모하고 신체적, 인지적, 정서적 활동을 이어가기 위해서 균형 잡힌 식사가 필요하듯이 학습에도 같은 원리가 적용된다. 그 과목의 기초 지식, 이들 사이의 관련성, 원리를 이해해야 하며, 그러한 세부 내용이 실생활에 어떻게 적용되는지를 파악해야 한다. 즉, 모든 단계에 걸쳐 균형 잡힌 학습이 이루어져야 한다는 이야기다.

학습목표와 마찬가지로 성공기준을 기술할 때에도 특정 산출물이나 과업이 언급되어서는 안 된다. 또한 진술문 안에 문제상황이 포함되어서도 안 된다. 성공기준을 개발하기 위해 교사는 학습목표 속 개념과 기능을 기초, 심화, 전이 단계에 따라 배열한다.

〈표 3.7〉 기초, 심화, 전이 단계별 성공기준 분류

기초 _ 단일 또는 다수의 사실, 세부 사항, 기초 기능을 이해한다.
"학습목표를 달성하기 위해 내가 알아야 할 사상과 기능은 무엇인가?"

심화 _ 이해나 적용에 필요한 여러 사상이나 기능 사이의 결합이나 관계를 이해한다.
"유사점과 차이점은 무엇인가?", "여러 기능을 어떻게 연결할 것인가?", "무엇이 연결되어 있으며 직접적인 대조를 이루는 것들은 무엇인가?", "서로 관련이 있어 보이는 사상은 있는가? 있다면 어떻게 관련이 있는가?", "이 과목의 원리나 주요 사상을 구성하는, 반복적으로 등장하는 사상이나 기능, 상황이 있는가?"

전이 _ 기초 단계와 심화 단계에서 배운 내용을 다른 맥락으로 확장한다.
"여러 사상 사이의 관계를 다른 상황에 적용하는 방법으로는 어떤 것들이 있는가?", "이 기능을 다른 과업이나 환경에 어떻게 적용할 것인가?"

이제 학습목표와 성공기준의 사례를 살펴보자. 〈표 3.8〉에 소개된 학습목표와 성공기준에는 학습자가 생명체 내에서 단백질이 어떻게 생성되고 사용되는지에 대한 지식을 이해하고 연결 짓고 이를 활용하는 내용이 들어 있다. 기초 단계에서 학생은 전사transcription나 번역translation, RNA(리보핵산)와 같은 단백질을 둘러싼 특수한 개념을 이해해야 한다. 이 일에 어느 정도 숙달되면 좀 더 심화된 수준으로 넘어가여러 가지 핵심 개념을 서로 연계하여 이해한 뒤, 자신이 이해한 바를 실생활에 적용하여 단백질 생성에 영향을 줄 수 있는 내적 요인과 외적 요인을 알아보는 식으로 진행된다. 이처럼 학습의 각 단계에서 요구하는 바를 잘 알게 되면 학생들은 학습목표를 정확히 이해할 수 있을 뿐만 아니라 마치 교사처럼 그에 따른 계획까지 세울 수 있다.

재차 강조하지만, 학습목표와 성공기준 안에 특정 과업이나 문제 상황이 포함되어서는 안 된다. 즉, 학생들이 수행할 과제나 프로젝트 산출물, 프로젝트의 문제상황 등이 함께 기술되어서는 안 된다는 말이다. 또 성공기준은 기초, 심화, 전이 단계별로 기술되어야 한다. 이는 프로젝트를 시작하는 도입활동 때 학생들에게 공지되는 내용으로, PBL에서 대단히 중요한 단계이며 가능한 한 명확하게 전달되도록 노력할 필요가 있다.

〈표 3.8〉 학습목표와 성공기준 예시

1단계 : 학습목표		
세포핵에서 전사된 RNA가 리보솜에서 단백질로 번역되는 과정에 이상이 생겼을 때 예측되는 여러 가지 단백질 합성의 결과를 설명할 수 있다.		
2단계 : 성공기준		
기초	심화	전이
• 전사(transcription), 번역(translation), RNA(리보핵산), 단백질을 정의한다.	• 전사와 번역을 연관 지어 이해한다.	• 다양한 요인이 단백질 생성에 어떤 영향을 미치는지 예측한다.

_ **3단계 : 학습목표 및 성공기준에 맞춰 탐구질문을 만들고 몇 가지 문제상황을 찾는다**

학생들은 학습목표와 성공기준을 바탕으로 만들어진 탐구질문에 따라 프로젝트를 수행해 나간다. 탐구질문은 학습목표와 문제상황이라는 두 가지 핵심 요소로 이루어진다. 문제상황은 기초 단계와 심화 단계에서 배운 내용을 적용할 구체적인 맥락을 뜻한다. 탐구질문을 통해 학생들은 어떤 문제상황에 처하는 경험을 직접 해보게 되는데, 이런 경험을 통해 이 학습목표가 교실 밖에서 어떤 의미를 가지는지 깨닫게 된다. 〈표 3.9〉에서 탐구질문의 핵심 요소 두 가지를 확인해보자.

〈표 3.9〉 탐구질문의 구성

3단계 : 탐구질문
어린이 비만 해소를 목적으로, 설득을 통해 지역 주민의 행위에 영향을 주려면 어떻게 해야 할까? 　　　　　문제상황　　　　　　　　　　　　학습목표

탐구질문은 학습목표에 담긴 내용을 배워야 하는 이유, 즉 일종의 명분을 제공한다. 다시 말해 학습자가 기초, 심화, 전이 단계의 특정 내용을 왜 배워야만 하는가에 대한 답을 준다. 존 라머 등(2010)의 말처럼, "탐구질문이 없는 프로젝트란 핵심 주장이 없는 논설문과 같다. 핵심 주장이 없을 때 독자는 글을 쓴 사람이 도대체 무슨 이야기를 하려는 것인지 파악하기 어렵지만, 핵심 주장이 있는 글은 요점이 확실하여 오해의 소지가 없다." 핵심 학습목표를 이해하여 성공기준에 도달한 뒤에는 당면한 문제를 해결하기 위한 활동과 과업이 필요한데, 탐구질문은 교사와 학생들로 하여금 이러한 활동과 과업을 파악할 수 있게 해주기 때문에 대단히 중요하다.

앞서 제시한 프로젝트 진행 단계(〈표 3.1〉 참고)로 돌아가 살펴보면, 프로젝트에는 프로젝트 개시, 기초 워크숍, 심화 워크숍, 발표 및 성찰이라고 하는 네 단계가 있다. 탐구질문은 이 모든 단계의 학습이 왜 필요한지를 보여주는 종합적인 목표이다. 학생들은 이 네 단계를 거치면서 탐구질문에 답하기 위한 내용 지식과 기능을 익힌다. 이 과정에서 학생은 여러 개의 과업을 완수하며, 현재 프로젝트에서 자신이 마주한 문제상황이 수많은 상황 중 하나에 불과하다는 사실을 깨닫게 된다. 교사는 학생의 성장이 속도를 낼 수 있도록 형성적 평가formative assessment와 함께 개별화된 교수 활동과 피드백을 활용한다. 이 내용은 다음 PART에서 다룰 예정이다.

한편 탐구질문은 학생들에게 기대되는 목표가 분명하게 드러나도록 세심하게 만들어져야 한다. 아울러 이 학습목표가 다양한 상황에 적용된다는 점, 그리고 탐구질문 속 상황은 수많은 상황 중 하나일 뿐이라는 점을 학생들에게 이해시켜야 한다. 〈표 3.10〉에 소개된 사례를 살펴보자. 이 프로젝트에서 학생들은 제국주의의 개념을 이해하여 현대 사회에 적용해야 한다(〈부록2. 프로젝트3〉 참고). 교사는 학습목표와 성공기준을 작성한 뒤 "미국을 비롯한 제국주의 선진국들은 어떻게 하면 신종 국제 적대세력의 출현을 막을 수 있을까?"라는 탐구질문을 개발하였다. 물론 이 시점에서는 탐구질문에서 문제상황이 빠져 있다. 즉, 이 탐구질문에서 ISIS에 동조하는 세력과 지지자가 점점 더 많아지는 이유를 구체적으로 묻고 있지는 않다는 뜻이다. 대신 괄호 속 내용을 통해 이 프로젝트에서 ISIS라는 상황이 사용된다는 것을 알

수 있다. 그 밑에 이 프로젝트에 활용할 수 있는 몇 가지 문제상황이
더 나와 있다.

〈표 3.10〉 학습목표, 성공기준, 탐구질문의 예시

1단계 : 학습목표		
풍부한 자원과 새로운 상품시장 개척에 대한 산업화 국가의 욕망이 문화적 우월감 및 군사력 증강과 맞물려 제국주의 확장을 가능하게 하고 부추겼음을 이해한다.		
2단계 : 성공기준		
기초	심화	전이
• 19세기 유럽 국가를 침략 행위에 나서게 했던 정치, 경제, 사회적 요인을 나열한다.	• 특정 국가들의 몇 가지 제국주의적 행위를 평가하면서 19세기 유럽 제국주의의 원인과 특징, 영향을 연관 지어 이해한다.	• 하나 이상의 지역을 골라 오늘날 그 지역에 남아 있는 제국주의 잔재를 평가한다. • 제국주의가 우리 시대에 미치는 영향에 대해 가설을 세운다.
3단계 : 탐구질문		
미국을 비롯한 제국주의 선진국들은 어떻게 하면 (차세대 ISIS와 같은) 신종 국제 적대세력의 출현을 막을 수 있을까?		
문제상황 • ISIS • 국제무역 • 경제 제재		

지금까지의 내용을 정리하면, 탐구질문을 설계할 때 다음 사항을 염두에 두어야 한다.

1. 탐구질문에는 학습목표와 문제상황을 명시해야 한다.

탐구질문은 해당 과목의 학습목표와 구체적인 상황으로 학습자를 인도한다. 학습의 궁극적인 목적은 기초 단계와 심화 단계에서 배운 내용을 다양한 상황에 전이시키는 것이다. 이를 위해서는 학생들이 학습목표와 성공기준을 프로젝트의 문제상황과 혼동하지 않고 쉽게 구분할 수 있어야 한다는 점을 기억하기 바란다.

2. 탐구질문에는 전이 단계의 학습목표를 담는다.

탐구질문은 상위 수준의 학습목표를 다루기 때문에 교사는 학생들이 그러한 목표를 달성하는 데 필요한 기초 및 심화 단계의 성공기준을 잘 소화하도록 지원해야 한다.

이를 위해서는 다음 두 가지 하위 단계에 따라 탐구질문을 작성하는 것이 좋다.

A. 내용과 기능에 국한된 질문을 설계한다.
B. 문제상황을 개발한다.

이 절차를 따르게 되면 교사는 학습자에게 학습목표와 성공기준을 확실히 이해시킬 수 있다. 이제 이 두 가지 하위 단계를 자세히 들여다보자.

단계 A : 내용과 기능에 국한된 질문을 설계한다

질문 안에는 특정 상황이나 과업이 포함되어서는 안 되는데, 이렇게 하는 이유는 학생들을 다양한 상황에 전이될 내용과 기능에 집중시키기 위해서이다. 예를 들어 〈표 3.11〉에서 교사는 학습목표와 성공기준을 검토하여 교과 내용에 국한된 기초, 심화, 전이 단계별 질문을 개발하였다. 이미 눈치챘겠지만, 전이 단계의 질문이 탐구질문에 반영되었음을 알 수 있다.

〈표 3.11〉교과 내용에 국한된 질문의 예

기초	심화	전이
• 번역(translation), 전사(transcription), RNA(리보핵산)는 각각 무엇인가?	• 단백질은 전사와 번역 과정을 통해 어떻게 생성되는가?	• 단백질 합성 과정에 변화가 생기면 단백질의 발현은 어떻게 변하는가?

단계 B : 문제상황을 개발한다

질문 설계가 끝나면 이제 탐구질문 속 학습목표와 관련된 몇 가지 상황을 개발하면 된다. 이 때 다양한 상황을 떠올려 최대한 많은 시나리오를 만든 뒤 학생이나 동료, 그 외 주변 사람들의 의견을 물어보자. 예를 들어 〈표 3.11〉에 소개된 프로젝트 수업을 실시하려면 어떤

상황에서 단백질의 합성이 중요한지 알고 싶을 것이다. 유전자 변형
식품이나 암, 에이즈와 같은 주제를 생각해볼 수 있다. 그런 다음 이
주제를 〈표 3.11〉의 질문과 연계해본다. 〈표 3.12〉에는 과학 교과의
학습목표와 문제상황이 어떤 식으로 연결되는지가 잘 드러나 있다.

〈표 3.12〉 탐구질문 및 문제상황 예시

문제상황	탐구질문
• 상황 I : 에이즈	• 단백질 합성 과정에 변화가 생기면 단백질의 발현은 어떻게 변하는가?
• 상황 II : 암	• 단백질 합성 과정에 변화가 생기면 단백질의 발현은 어떻게 변하는가?
• 상황 III : 유전자 변형식품	• 단백질 합성 과정에 변화가 생기면 단백질의 발현은 어떻게 변하며, [지역의 식량 생산은 어떤 영향을 받는가]?

학습목표와 문제상황이 질문 속에 안착되고 나면 이제 교사는 자
신의 탐구질문이 얼마나 호소력이 있는지, 학생들과 얼마나 관련성이
있는지, 명확하게 작성되었는지, 학생이 답할 수 있는 수준인지 등을
분석해야 한다. 〈표 3.13〉의 점검표를 활용하면 양질의 탐구질문을
작성하는 데 도움이 될 것이다.

결국 좋은 탐구질문이란 학생이 달성해야 할 학습목표와 프로젝트
의 문제상황을 잘 담아낸 질문이라 할 수 있다. 탐구질문을 제시할 때
교사는 학생들이 학습목표와 문제상황을 분명히 구분해서 이해하도
록 지도해야 하며, 학습목표는 반드시 기초, 심화, 전이 단계의 성공기

준으로 나누어야 한다.

<표 3.13> 탐구질문 점검표

다음 점검표에 따라 자신의 탐구질문을 평가해보시오.	
호소력 : 감성을 자극하여 어떤 행동에 나서도록 설계되었다. • 낮음(1~2) : 인간의 신념은 타인의 권리에 어떤 영향을 미치는가? • 높음(3~4) : 보수적인 정책은 낙태를 둘러싼 여성의 권리에 어떤 영향을 미치는가?	1 2 3 4
답변 가능성 : 교사나 학생이 답할 수 있는 질문이다. • 낮음(1~2) : 과학기술은 세계 역사를 어떻게 변화시켜 왔는가? • 높음(3~4) : 과학기술로 인해 전쟁은 더 잔혹해졌는가, 덜 잔혹해졌는가?	1 2 3 4
심리적 거리(친근함의 정도) • 낮음(1~2) : 《나를 부르는 숲》의 저자는 어조와 문체를 어떤 식으로 사용하고 있는가? • 높음(3~4) : 우리는 다른 사람들과의 여행 경험을 어떻게 전달하는가?	1 2 3 4
실용성 • 낮음(1~2) : 단백질 합성에 변화가 일어나면 단백질 생성은 어떻게 변하는가? 어떤 치료가 에이즈 환자의 생존율을 높이는가? • 높음(3~4) : 에이즈 환자의 몸속에서 정상 단백질의 생성을 장기적으로 증가시키고 유지시키는 항바이러스제 치료법은 어떤 것들인가? 지금까지 가장 효과적이었던 방법을 설명하라.	1 2 3 4
구체성 • 낮음(1~2) : 건축가들은 기하학을 어떻게 이용하는가? • 높음(3~4) : 좌석 수를 최대한으로 해야 한다는 조건을 만족시키려면 극장을 어떻게 설계해야 하는가?	1 2 3 4
기타	1 2 3 4

– 출처 : Markham, Larmer, & Ravitz, 2003

학습목표, 성공기준, 탐구질문을 개발한 뒤에는 각 단계에 맞는 다양한 과업을 개발해야 한다. 모든 학생에게 똑같은 과업을 부여하기보다는 과업과 평가 방법을 다양하게 개발하여 교사와 학생 모두가 학습 결과를 어떤 방식으로 표현할지 스스로 고를 수 있게 해야 한다. 또한 학생들에게 읽고 쓰고 말할 기회가 충분히 보장되는 과업이어야 한다.

《초등 교실 속 PBL(PBL in the Elementary Grades)》(2014)에서 존 라머 등은 전문 기관에 종사하는 전문가의 업무를 그대로 반영하는 실제적인 활동에 학생들을 참여시켜야 한다고 주장한다. 예를 들어 학생들은 보건 공무원이 되어 지역 주민에게 배부할 지카 바이러스 교육용 소책자를 제작할 수 있는데, 이러한 기회는 많으면 많을수록 좋다. 그러나 전문가들은 사고방식에 있어서 비전문가들과 결정적인 차이점이 있다. 먼저, 사전 지식이나 기능의 수준이 다르다. 뿐만 아니라 해당 분야의 다른 전문가와 접촉해본 경험에도 차이가 있으며, 현장 경험의 정도도 다르다. 이들은 또 상당히 오랜 기간 자신의 전공 분야를 연마해왔으며 기초 및 심화 단계의 지식을 제대로 이해했는지에 대해서도 수년간 교정적 피드백을 받아온 사람들이다. 시간이 흐르면서 전문가들은 지식을 정리하는 나름의 방법을 개발하게 되는데, 덕분에 여러 가지 지식 사이의 관계를 파악하고, 필요한 정보와 불필요한 정보를 구분하며, 바람직한 해결책에 근접한 체계적인 근사치를 산출하는 일을 동시에 해낼 수 있다. 이들에게는 지식을 창출해낼 기회가 있으며, 자신의 분야에서 사업계획서(최고경영자)나 메뉴(요리사), 토지 사용계획서(도시 설계자), 의료 소책자(보건 전문가)와 같은 깊이 있는 전문 지식을 요하는 결과물을 만들어내는 데에도 능숙하다.

　그러나 학생들은 실제적인 산출물을 만드는 데 필요한 정보를 조직해낼 경험이나 배경지식이 없는 초보자들이다. 따라서 산출물을 제작하고 발표하는 일에 대해 지나치게 오래 고민하기보다는 그 산출물이 요구하는 내용과 기능을 고민하고 배우는 데 더 많은 시간을 보내야 한다. 다시 말해, 학생들은 해당 분야 전문성의 가치를 보여주는 산출물을 제작하기에 앞서 반드시 경영, 요리, 공민학, 생물과 같은 과목의 학습 내용에 시간과 노력을 집중해야 한다. 이를 위한 한 가지 방법이 바로 학생들에게 읽기, 쓰기, 말하기를 많이 시키는 것이다. 슈모커(2011)의 주장처럼 읽기와 쓰기, 말하기와 같은 지적 활동을 통해 학생들은 핵심역량을 계발하여 기초, 심화, 전이 단계의 지식과 기능을 습득할 수 있다.

　실제적인 산출물을 만들게 하는 일은 중요하다. 그러나 이는 내용과 기능을 이해하기 위해 의식적인 노력을 기울여야 하는 인지적 과제를 통해 이루어져야 한다. "학습 초반부의 인지는 후반부의 인지와 근본적으로 다르다"는 윌링햄(2009)의 말을 기억하자. 그리고 학생들이 산출물보다는 학습 내용에 더 집중하게 하자. 〈표 3.14〉에 제국주의 관련 학습목표와 성공기준에 관해 읽고 쓰고 토의하게 하는 과업을 기초, 심화, 전이 단계별로 제시하였다.

1단계 : 학습목표
풍부한 자원과 새로운 상품시장 개척에 대한 산업화 국가의 욕망이 문화적 우월감 및 군사력 증강과 맞물려 제국주의 확장을 가능하게 하고 부추겼음을 이해한다. 제국주의의 긍정적, 부정적 영향은 오래 지속되었다.

2단계 : 성공기준		
기초	심화	전이
• 19세기 유럽 국가를 침략 행위에 나서게 했던 정치, 경제, 사회적 요인을 나열한다.	• 특정 국가들의 몇 가지 제국주의적 행위를 평가하면서 19세기 유럽 제국주의의 원인과 특징, 영향을 연관 지어 이해한다.	• 하나 이상의 지역을 골라 오늘날 그 지역에 남아 있는 제국주의 잔재를 평가한다. • 제국주의가 우리 시대에 미치는 영향에 대해 가설을 세운다.

3단계 : 탐구질문
미국을 비롯한 제국주의 선진국들은 어떻게 하면 (차세대 ISIS와 같은) 신종 국제 적대세력의 출현을 막을 수 있을까?

문제상황 • ISIS • 국제무역 • 경제 제재

4단계 : 과업		
기초	**심화**	**전이**
짝을 이루어 아래의 내용을 공부한 다음 학급 전체로 확인한다. • 제국주의의 조건을 확인한다. • 사회 다윈주의(Social Darwinism), 가부장제, 자본주의라는 용어와 각각의 개념을 규명한다. • 권력의 종류(정치, 경제, 종교, 이념적 권력)를 알아보고 각 권력의 원천을 밝힌다.	19세기 미국, 유럽, 중동, 아프리카, 아시아 국가의 사례 연구를 보고 다음 사항을 정리하여 도식화한다. • 어느 나라가 권력을 쥐었으며, 어떤 종류의 권력이었는지 밝힌다. • 그러한 권력의 토대는 무엇이었는지 권력의 종류별로 밝힌다. • 그 권력이 어떤 식으로 행사되었는지 설명한다. • 제국주의 국가들이 각 국가에 어떤 영향을 미쳤는지 밝힌다. • 각 국가 내부의 어떤 조건들로 인해 지배국 또는 피지배국의 위치가 결정되었는지 밝힌다.	• 미국 및 연합국이 ISIS와 같은 집단을 물리치고 전 세계의 안전을 보장하기 위해 채택할 수 있는 최선의 해결책을 담은 백서를 개발한다. • 과거 제국주의 지배하에 있었던 지역과 우호적인 관계를 구축하는 한편, 민간인에 대한 위험을 낮추기 위해 미국 및 연합국이 취할 수 있는 조치 세 가지를 제시한다.

이제 교사에게 남은 다음 단계는 읽기, 쓰기, 말하기 과업을 기초, 심화, 전이 단계의 성공기준에 따라 체계적으로 배치하는 일이다. 〈표 3.15〉를 참고하자.

<표 3.15> 여러 가지 문해력 평가 사례

기준	평가 방법
기초	읽기 : 글을 읽고 중요한 내용을 표시한다. 쓰기 : 중요한 내용을 나열하고 설명한다. 말하기 : 중요한 내용을 말한다.
심화	읽기 : 관계나 원리에 대해 중요한 추론을 이끌어낼 수 있는 곳에 주석을 단다. 쓰기 : 중요한 내용들 사이의 관계를 기술하는 논제를 작성한다. 말하기 : 지문 속에 드러난 주요 원리와 추론이 무엇인지 말한다.
전이	읽기 : 여러 가지 텍스트를 찾아보고 다른 상황 내에서 비슷한 추론과 원리를 이끌어낸다. 쓰기 : 주장하는 글을 작성한다. 말하기 : 수업 중 다룬 글에서 이끌어낸 원리와 추론이 다른 맥락에서는 어떻게 적용되는지 패널 앞에서 발표한다.

모든 과업이 결정되면 교사는 각 과업의 필수 조건을 학생들이 쉽게 알 수 있도록 간단한 점검표를 만든다. 점검표는 교사 혼자 만들기도 하고 학생들과 함께 제작하기도 하며, 경우에 따라서는 학생들이 개발하기도 한다. 예를 들어 학생이 문헌 검토나 서평을 작성해야 한다면 교사는 APA 스타일 인용법(논문 작성 시 문서의 형식과 출처를 표기하는 가장 대중적인 방법 중 하나이다. – 역자 주)과 논제thesis statement처럼 해당 과제를 성공적으로 해냈음을 보여주는 분명한 기준을 개발해야 한다.

- 논제
- APA 스타일 인용법
- 원전 (1차 자료)
- 폰트는 바탕체, 글자 크기는 12포인트
- 줄 간격은 2줄로 작성
- 학습목표 및 성공기준과 관련된 연구 결과
- 연구의 한계점

_ 5단계 : 학습자에게 학습목표와 성공기준을 안내할 도입활동을 개발한다

학습목표와 성공기준의 명료화를 위한 마지막 단계는 도입활동의 개발이다. 앞서 말한 대로 PBL에서는 학습의 시작과 함께 명확한 학습목표와 성공기준을 제시한다. 구체적으로 말하자면, 프로젝트 기간 중 다루게 될 기초, 심화, 전이 단계의 학습목표가 프로젝트 개시 단계에서 학생들에게 소개된다. 처음부터 학습목표를 명시적으로 공개하면 학생들은 앞으로 몇 주 동안 무엇을 하게 될지 분명히 알게 된다. 교사는 도입활동을 통해 학습을 개시하고 학생들에게 필요한 정보를 제공할 수 있다. 즉, 도입활동에서 학습목표와 성공기준, 탐구질문, 문제상황, 각 과업의 목표를 소개한다. 도입활동은 일반적으로 탐구질문과 관련된 도움을 요청하는 의뢰인이 작성한다. 〈표 3.17〉은 유치원생을 대상으로 한 도입활동이다.

<표 3.17> 도입활동 예시

만나서 반가워요, 여러분!

입학을 축하합니다! 여러분이 우리 학교에 오게 되어서 정말 기쁘고 기대되네요! 우리 학교에서는 현재 여러분 각자를 소개하는 게시판을 만들려고 해요. 여러 선생님과 부모님, 과학 교실에 사는 귀여운 파충류, 그리고 전교생 친구들에게 여러분 자신을 알릴 수 있도록 말이죠.

일단 여러분을 잘 보여주는 그림과 함께 문장 몇 개를 작성하면 좋겠어요. 왜냐면 글과 그림은 여러분이 어떤 사람인지 보여줄 좋은 방법이기 때문이지요. 또한 여러분은 "글과 그림은 사람들이 나와 다른 사람들을 이해하는 데 어떤 도움을 주는가?"라는 질문에 답할 수 있어야 합니다. 발표는 10월 20일이랍니다. 질문이 있으면 알려주세요. 하루 빨리 여러분에 대해 더 많이 알고 싶어요!

입학을 축하하며,
교장선생님이

도입활동은 전문가의 프레젠테이션, 문서, 팟캐스트, 영상물 등 어떤 형태로든 가능하다. 좋은 도입활동에는 기초, 심화, 전이 단계별 목표에 대한 궁금증을 유발하는 정보가 들어 있다. 프로젝트기반학습에서는 동화《헨젤과 그레텔》에서 아이들이 집으로 돌아오는 길을 알 수 있도록 빵 부스러기를 흘려두었던 것에 빗대어 이러한 정보를 "빵 부스러기breadcrumbs"라고 부른다. 프로젝트의 설계자는 질문을 이끌어내고 앞으로 있을 토의와 수업, 평가의 틀을 잡아줄 글이나 청각 또는 시각적 단서를 곳곳에 심어둔다. 그러한 활동을 고안하려면 일단 도입활동의 핵심 구성 요소를 차근차근 나열해볼 필요가 있다. 〈표

3.19〉와 〈표 3.20〉의 예시를 참고하자. 〈표 3.18〉은 각 구성 요소에
대한 설명이다.

〈표 3.18〉 도입활동의 구성 요소

요소	내용
시나리오	학생들이 탐구질문을 다룰 구체적인 문제상황이 도입활동에서 제시된다.
탐구질문	시나리오(= 문제상황)와 핵심 학습목표(= 전이 단계의 학습목표)가 결합된 핵심 질문을 말한다. 탐구질문은 직접 제시되기도 하지만, 글 안에 진술문의 형태로 들어가 있어 학생들이 그 질문을 이끌어내야 하는 경우도 있다.
목표	학습목표와 성공기준은 도입활동 안에 제시되는 경우가 많다. 마감일은 도입활동 때 공지한다. 학생이 하게 될 모든 과업은 프로젝트 개시와 함께 제시한다.
의뢰인/청중	탐구질문에 대한 답을 원하는 개인이나 집단이다. 교사가 학생의 수행을 평가하는 것이 일반적이기는 하지만, 교실 밖 누군가가 청중이 되는 경우도 자주 있다. 이 사람들은 도입활동 단계에서 어떤 식으로든 문서상에 명시해야 한다.
형식	도입활동 정보를 전달하기 위해 지시문, 멀티미디어 프레젠테이션, 실시간 프레젠테이션 등 다양한 방식이 사용된다.

<표 3.19> 구성 요소로 보는 도입활동 1

요소	내용
시나리오	우리 반
탐구질문	글과 그림은 사람들이 내가 누구인지 이해하는 데 어떤 도움을 주는가?
목표	글 한 단락을 작성하고 내 모습을 그린다.
의뢰인/청중	교장선생님
형식	편지

<표 3.20> 구성 요소로 보는 도입활동 2

요소	내용
시나리오	기니아충 발병
탐구질문	지역 주민들이 [구체적으로는 비만과 관련된] 자신의 행동을 돌아보고 바꾸도록 설득하기 위해 어떤 전략을 사용해야 할까?
목표	성공기준에 도달하기 위해 학생들은 • 조직 내부의 업무처리 절차를 바꾸도록 설득하는 동기유발 전략을 이용한다. • 다른 사람을 설득하기 위해 동기유발 전략을 어떻게 사용할지 적어보고 구두로 발표한다. • 조언을 할 때 상황과 문화적 특성을 고려하는 세심함을 발휘한다.

과업	실행 계획을 작성한다.
청중	시의회
형식	동기유발 전략의 실행 계획과 이를 위한 제안을 간략히 소개하는 3분 짜리 유튜브 비디오와 추가 문서 자료

〈표 3.21〉에 지금까지 등장한 다섯 단계(학습목표, 성공기준, 탐구질문, 과업, 도입활동)를 합쳐놓았다. 이러한 표를 통해 교사와 학생 모두 학습이 어떤 식으로 진행되는지 한눈에 분명하게 볼 수 있을 것이다. 〈표 3.22〉는 프로젝트의 도입활동 사례이다.

〈표 3.21〉 프로젝트 사례 : 주장하는 글

1단계 : 학습목표		
뒷받침 내용을 갖추어 주장하는 글을 작성할 수 있다.		
2단계 : 성공기준		
기초	심화	전이
• 내 주장을 나열할 수 있다. • 다른 이들의 주장을 나열할 수 있다.	• 내 주장을 다른 사람의 주장과 연결할 수 있다. • 그러한 내용을 문장으로 표현할 수 있다.	• 내 주장과 다른 사람들의 주장을 글을 통해 논할 수 있다.

3단계 : 탐구질문

나에게 중요한 문제를 주제로 주장하는 글을 어떻게 작성할 것인가?

문제상황

- 친구
- 환경
- 음식
- 과학기술
- 운동

4단계 : 과업

기초	심화	전이
• 전형적인 주장하는 글 몇 편을 읽으면서 생각-짝-나누기(Think-Pair-Share) 활동을 실시한다. • 과업 점검표를 공동 개발한다. • 시청시간 제한에 대한 의견을 브레인스토밍한다. • 시청시간 제한에 대한 자신의 입장을 분명히 밝힌다.	• 찬성 및 반대 의견을 보여주는 벤 다이어그램을 작성한다. • 단락 형태로 의견을 작성한다.	• 시청시간 제한에 대한 주장하는 글의 초안을 작성한다.

5단계 : 도입활동

시나리오 : 유치원의 한 학급이 시청시간 제한에 대한 의견을 묻는다.
학습목표 : 1학년 학생이 주장하는 글을 작성한다.
의뢰인/청중 : 유치원생
형식 : 작문

1학년 선배들에게,

안녕하세요? 저희는 K 유치원에 다니는 원생들입니다. 저희는 수업 중 컴퓨터 사용에 대한 선배들의 의견을 듣고 싶습니다. 어른들은 컴퓨터를 허용하면 시력이 나빠지고 친구와 어울릴 시간을 빼앗기게 되며 공부할 때 자신의 능력을 최대한 발휘할 수 없게 된다고 합니다. 1학년 선배들은 올해부터 컴퓨터를 활용하고 있다고 들었는데 여러분의 경험을 듣고 싶습니다. 우리는 지금 읽기와 쓰기를 배우고 있기 때문에 우리 선생님은 그 의견을 글로 써주면 좋겠다고 생각하십니다. 여러분의 생각을 저희들에게 알려주시기를 간절히 바랍니다. 또 저희가 부모님을 비롯한 어른들에게 1학년 학생들이 어떻게 생각하는지 설명할 수 있도록 그 의견을 뒷받침하는 상세한 내용도 함께 적어주시면 좋겠습니다. 읽어주셔서 감사합니다.

K 유치원생 일동

● ● ○

"어둠 속에서 가르치는 것이 효과가 있을지 의문이다"라는 드보라 타바와 힐다 엘킨스의 말처럼 어둠 속에서 배우는 일 역시 효과를 기대하기 어렵기에 이번 PART에서는 이를 극복하기 위한 구체적인 절차를 제시하였다. 이 절차를 통해 교사는 교사와 학생 모두 학습의 각 단계에서 무엇이 요구되는지를 분명히 이해할 수 있도록 학습목표를 부각시킬 수 있으며, 나아가 이러한 명료화는 학생의 성취도와 자신감 향상으로 이어진다. 프로젝트나 문제기반학습에서는 전이 단계의 학습을 감당하는 데 필요한 기초 및 심화 단계의 학습을 위한 적절한 지원이 이루어져야 한다. 이를 위해서는 다음과 같은 일이 선행되어야 한다.

- 학생은 학습목표와 문제상황을 구분할 수 있어야 한다.
- 기초에서 심화, 전이 단계로 이어지는 성공기준을 학습자가 명확히 이해해야 한다.
- 탐구질문은 전이 단계의 학습 기회를 제공해야 한다.
- 각 과업에서는 학생에게 읽기, 쓰기, 말하기 기회가 충분히 주어져야 한다.

학습목표가 이 정도 수준으로 명확해질 때 학생들은 정해진 목표에 더욱 가까이 다가가 수업 중 교사가 제공한 한 가지 문제에 머물지 않고 그 이상의 다양한 문제를 해결할 수 있게 될 것이며, 이것이야말로 학습의 궁극적인 목적이라 할 수 있을 것이다.

🏫 생각해볼 문제

● 현재 자신이 운영 중인 프로젝트에서는 학생들이 문제상황과 학습목표를 정확히 구분할 수 있는가? 만약 그렇다면 이를 가능케 하는 핵심 요소는 무엇인가? 그렇지 않다면 이를 위해 필요한 조치는 무엇인가?

● 학생들이 기초, 심화, 전이 단계별 지식 및 기능 습득의 필요성을 이해할 수 있도록 현재 어떤 일을 하고 있는가?

● 학생들이 프로젝트의 문제상황보다는 학습목표와 성공기준에 더 집중하도록 현재 어떤 일을 하고 있는가?

● 학생들이 학습한 바를 표현할 수 있는 수업 활동이 다양하게 제공되는가? 또 그러한 수업 활동에는 읽기, 쓰기, 말하기 기회가 얼마나 들어있는가?

● 학생들이 기초, 심화, 전이 단계별 학습목표를 쉽게 파악할 수 있으려면 어떤 도입활동을 개발해야 하는가?

● 배운 내용의 전이를 위해 다양한 상황 속의 여러 가지 문제를 어떻게 제공해야 하는가?

📚 **활동하기**

활동 3-1. 프로젝트 설계 시작하기

다음 양식을 활용하여 프로젝트를 설계하는 연습을 해보자. (이 양식에는 워크숍과 프로젝트 일정을 작성하는 부분이 빠져 있는데, 이 내용은 다음 PART에서 다룬다.) 이 양식을 작성하면서 이번 PART에서 배운 핵심 학습 내용을 더욱 깊이 이해해보자.

〈표 3.23〉 프로젝트 설계 양식

1단계 : 학습목표		
2단계 : 성공기준		
기초	심화	전이
3단계 : 탐구질문		
문제상황 :		
4단계 : 과업		
기초	심화	전이

5단계 : 도입활동
시나리오 : 학습목표 : 의뢰인/청중 : 형식 :

활동 3-2. 주요 확인사항

현재 자신이 진행 중인 수업의 학습목표, 성공기준, 과업을 학생의 입장에서 검토해보자. 학생들에게 다음 질문을 해본다.

- **질문 1** 탐구질문을 해결하기 위해 현재 하고 있는 활동의 핵심 학습목표는 무엇입니까?
- **주요 확인사항** 이 질문을 받은 학생들이 학습목표와 문제상황을 구분할 수 있는지 살펴본다.

- **질문 2** 지금 하는 활동의 목표는 무엇이며, 학습의 어느 단계에 해당합니까?
- **주요 확인사항** 학생들이 학습목표와 과업을 정확히 구분하는지, 또 기초, 심화, 전이 단계별로 성공기준을 설명할 수 있는지 살펴본다.

- **질문 3** 이 과업은 여러분이 학습 내용을 이해했다는 것을 어떤 식으로 보여줍니까? 학습목표를 달성하기 위해 지금까지 어떤 과업들을 해왔으며, 각 과제를 통해 무엇을 배웠습니까?
- **주요 확인사항** 학생들이 학습목표와 과업을 정확히 구분하는지, 학습의 결과를 표현하는 방법은 다양하다는 점을 알고 있는지 확인한다.

활동 3-3. 도입활동 속 단서 평가

도입활동을 하나 골라 그 프로젝트의 학습목표와 성공기준을 찾아본다. 그런 다음 스스로에게 다음 질문을 던져보자.

- 이 프로젝트의 목적은 무엇인가?
- 기초, 심화, 전이 단계별 학습목표를 파악할 수 있는가?
- 학습목표와 문제상황이 구분되는가?
- 이 프로젝트의 청중은 누구인가?
- 성공기준에 대한 궁금증을 유발하는 '빵 부스러기'로는 어떤 것들이 있는가?
- 이 과업은 읽기, 쓰기, 말하기가 필요한 활동인가?

이제 이 도입활동의 장단점과 이 도입활동의 실효성을 높이기 위한 방안은 무엇인지 생각해보자.

활동 3-4. 도입활동에 단서 심기

다음은 편지 형식의 도입활동 양식이다. 여기에 도입활동을 설계하고 '빵 부스러기' 요소를 추가해보자.

〈표 3.24〉 도입활동 양식

제목

친애하는 _____께,

- 시나리오
- 탐구질문
- 학습목표
- 과업

의뢰인

활동 3-5. 과업 계획서 작성하기

다음 양식은 교사가 기초, 심화, 전이 단계별 학습목표에 적합한 과업을 설계할 때 편리하게 사용할 수 있다. 또 학생들에게 읽기, 쓰기, 말하기를 비롯한 다양한 수행 기회가 충분히 주어지는지 점검할 때에도 유용하다. 〈활동 3-1. 프로젝트 설계 시작하기〉의 〈표 3.23〉에 프로젝트를 설계하면서 성공기준을 달성하기 위해 학생들이 할 만한 활동을 몇 가지 구상해보자. 〈표 3.26〉의 예시를 참고하자.

〈표 3.25〉 과업 계획서 양식

	성공기준		
	기초 이 단계에서 학습자는 핵심 내용 또는 21세기 역량 성취기준(standards)과 관련된 단일 또는 다수의 사상이나 기능을 이해한다.	**심화** 이 단계에서 학습자는 단일 또는 다수의 사상이나 기능을 서로 연관 지어 핵심 내용이나 기능을 심층적으로 이해한다.	**전이** 이 단계에서 학습자는 배운 내용과 기능을 교실 밖 다른 상황에 적용한다.
과업 분류			
읽기 서사문과 설명문을 이해하여 글의 의미와 추론한 내용을 전달한다.			
쓰기 자신이 학습한 내용을 다양한 장르의 글로 표현한다.			
말하기(토의) 공부한 내용을 분명하게 설명하고, 피드백을 주고받으며 다른 사람들과 함께 앞으로 할 일을 결정한다.			
기타			

〈표 3.26〉 과업 계획서 예시

학습목표			
세포핵에서 전사된 RNA(리보핵산)가 리보솜에서 단백질로 번역되는 과정에서 정보가 어떻게 전달되는지 설명할 수 있다.			

성공기준			
	기초 이 단계에서 학습자는 핵심 내용 또는 21세기 역량 성취기준(standards)과 관련된 단일 또는 다수의 사상이나 기능을 이해한다.	**심화** 이 단계에서 학습자는 단일 또는 다수의 사상이나 기능을 서로 연관 지어 핵심 내용이나 기능을 심층적으로 이해한다.	**전이** 이 단계에서 학습자는 배운 내용과 기능을 교실 밖 다른 상황에 적용한다.

과업 분류			
읽기 서사문과 설명문을 이해하여 글의 의미와 추론한 내용을 전달한다.	교과서를 훑어보면서 핵심 용어를 확인한다.	단백질 합성 분야의 최신 연구 자료를 읽는다.	단백질 합성 분야의 최신 연구 중 특히 해당 프로젝트의 문제 상황과 관련된 자료를 읽는다.
쓰기 자신이 학습한 내용을 다양한 장르의 글로 표현한다.	문헌 검토 (초고 작성) 문헌 검토 (2차 원고 작성)	단백질 합성에 관여하는 다양한 세포기관의 구조와 기능의 차이를 자세히 보여 주는 개요나 도식을 작성한다.	단백질 합성 과정에 영향을 미치는 여러 가지 요인을 설명하는 실험보고서를 제출한다.

**프로젝트 수업
제대로 하기**

| **말하기(토의)**
공부한 내용을 분명하게 설명하고, 피드백을 주고받으며 다른 사람들과 함께 앞으로 할 일을 결정한다. | 짝과 주요 내용을 토의한 뒤 모둠에서 그 내용을 공유한다. | 3인 1조로 연구 자료의 중요한 요소를 설명하고 그 내용을 단백질에 대해 자신이 알고 있는 바와 연계한다. | 세포의 단백질 합성 과정을 변용시키는 레트로 바이러스에 대처할 다양한 약물병합 요법을 설명하는 도표를 작성한다.

각 모둠은 전문가 패널 앞에서 이 도표를 보여주면서 자신들이 선택한 해법을 설명한다.

몇 가지 질문을 바탕으로 예상되는 결과를 제시한 뒤, 이 예측을 주요 과학적 원리와 연계시켜 설명한다. |
| **기타** | | | 배운 내용을 전달하는 파워포인트 슬라이드를 제작한다. |

활동 3-6. 명료성 점검하기

이 활동은 교사나 학생이 명료성이라는 관점에서 프로젝트를 평가할 때 활용할 수 있다. 프로젝트 설계나 도입활동 자료와 함께 아래 점검표를 동료에게 주고 자신의 계획이 얼마나 명확한지 평가해달라고 요청해보자.

<표 3.27> 명료성 점검표

| 학습목표
• 학생들은 자신이 해야 할 일과 할 수 있어야 하는 일을 분명히 알고 있다. | ☐ |

성공기준 • 학생들은 프로젝트의 최종 학습목표를 달성하는 데 필요한 기초, 심화, 전이 단계별 학습목표를 분명히 알고 있다. • 성공기준은 프로젝트의 문제상황을 완전히 배제하여 작성되었으며, 특정 과업에서만 요구되는 조건 또한 포함되지 않았다.	☐
과업의 배치 • 기초, 심화, 전이 단계별 학습목표에 따른 과업이 제공되며, 과업을 통해 읽기, 쓰기, 말하기 기회가 충분히 보장된다.	☐

활동 3-7. 프로젝트 엿보기

1. 주치의 프로젝트(p.100 참고)

이 프로젝트에서 학습자는 인근 병원에 입원한 환자에 관한 상세 정보를 제공받는다. 해당 병원의 보건 전문가들은 학생들이 병을 진단하여 치료 계획을 수립하고 예후를 파악할 수 있는지 알아보고자 한다. 이 전문가들은 몇 주 후에 있을 발표회에 참석하여 학생들이 환자의 치료를 위해 세포 생물학, 미생물학, 면역학 지식을 어떻게 활용하였는지 살펴볼 예정이다.

• 이 프로젝트의 학습목표는 무엇인가?

• 이 프로젝트의 기초, 심화, 전이 단계별 성공기준은 각각 무엇인가?

• 이 프로젝트의 학습목표와 성공기준을 달성하기 위해 활용할 수 있는 또 다른 문제상황으로는 어떤 것들이 있을까?

학습목표(예시)

- DNA의 구조가 분화된 세포로 이루어진 기관에서 생명 유지 기능을 수행하는 단백질의 구조를 어떻게 결정하는지 증거를 바탕으로 설명할 수 있다.

- 설탕 분자 속 탄소, 수소, 산소가 어떻게 다른 원소와 결합하여 아미노산이나 더 큰 탄소 기반 분자를 형성하는지를 증거를 바탕으로 설명 체계를 구축하고 수정할 수 있다.

성공기준(예시)

- 거대분자를 정의한다.

- 거대분자의 구조와 기능을 연결하여 설명한다.

- 거대분자에 대해 학습한 내용을 세포 파열(cellular disruption)에 적용한다.

기타 유의사항

- 이 프로젝트의 어려운 점은 문제상황이 너무나 복잡하여 어떤 방향으로 흘러갈지 모른다는 데 있다. 이 프로젝트 안에는 학습목표와 성공기준이 여러 개 있기 때문에, 학습목표와 성공기준을 정립하고 학생들에게 필요한 사전 지식을 파악하는 일이 대단히 중요하다. 세포 생물학 기초 지식이 충분하여 이미 면역학이나 생리학 공부를 시작할 준비가 되어 있는 학생들도 있기 때문에 학습목표나 필수 조건을 수정해야 할 수도 있다.

다음 과제

- 앞서 제시한 양식을 활용하여 프로젝트를 구성한다.

- 학생이나 동료 교사에게 도입활동 자료를 주고 핵심 학습목표와 성공기준을 파악해보도록 한다. 동료 및 학생에게서 받은 피드백을 바탕으로 학습목표, 성공기준, 과업, 도입활동 자료가 서로 조화를 이루도록 프로젝트를 수정한다.

2. 관점과 전제(p.102 참고)

이 프로젝트에서 학습자는 관점과 전제의 중요성을 주제로 논설문을 작성해야 한다. 이를 통해 학습자는 자신의 생각을 분명하게 전달하고 타인의 입장에 공감하는 한편, 제대로 검증되지 않은 추론과 주장, 관점이 어떻게 예기치 못한 결과를 낳는 행위로 이어지는지 이해하게 된다. 학습자는 먼저 《베어울프와 그렌델(Beowulf and Grendel)》과 일반적인 이슬람인들을 다룬 여러 작품의 발췌본, 최신 뉴스 등을 읽고 관점이 개인과 지역 사회, 그리고 국제적 차원의 의사결정과정에 미치는 영향력을 파악한다.

- 이 프로젝트의 핵심 학습목표는 무엇인가?
- 이 프로젝트의 기초, 심화, 전이 단계별 성공기준은 각각 무엇인가?
- 이 프로젝트의 학습목표와 성공기준을 달성하기 위해 활용할 수 있는 또 다른 문제상황으로는 어떤 것들이 있을까?

학습목표(예시)	학습목표(예시)
• 논설문 한 편을 작성한다.	• 관점과 전제가 인간의 행동에 어떻게 작용하는지 이해한다.
성공기준(예시) 글에 포함되어야 할 요소 : • 논제(thesis statement) • 논제를 뒷받침할 두 개 이상의 인용문 • 논제를 뒷받침할 두 개 이상의 자료 • 논제에 반박하는 두 개 이상의 인용문과 자료 • 논제를 지지하는 결론 단락	**성공기준(예시)** 학습목표를 달성하기 위해 : • 편견, 관점, 전제를 정의한다. • 인간의 상호작용에서 발견되는 편견, 관점, 전제를 서로 연결한다. • 다양한 관점과 전제를 이해하는 데 도움을 주는 여러 가지 전략을 분석한다. • 의사결정과정에 존재하는 다양한 입장을 더욱 분명하게 이해하기 위해 편견, 관점, 전제를 실생활의 문제해결 상황에 적용한다.

기타 유의사항

- 학생들이 이미 논설문 작성에 숙달되어 있다면, 관점과 전제에 대해 공부한 내용을 다른 방식으로도 표현하고 적용할 다양한 방법들이 제시되어야 한다.

- 프로젝트가 한창 진행 중일 때 교사는 다른 문제상황이나 책을 활용하고 싶어질 수도 있다. 또한 학생들은 당연히 다른 반 친구들과 학습 과정이나 내용에 대해 의견을 나누기도 할 것이다. 학생들은 성공기준을 활용하거나 다른 학급의 프로젝트 과업을 평가하면서 학습목표를 더욱 잘 이해하게 되고 나아가 관점과 전제에 대해 알게 된 것을 다른 상황에 적용하게 될 수도 있다.

다음 과제

• 앞서 제시한 양식에 프로젝트를 구성한다.

• 학생이나 동료 교사에게 도입활동 자료를 주고 핵심 학습목표와 성공기준을 파악해보도록 한다. 동료 및 학생에게서 받은 피드백을 바탕으로 학습목표, 성공기준, 과업, 도입활동 자료가 서로 조화를 이루도록 프로젝트를 수정한다.

📚 다음 단계로 나아가기

● 〈부록1. 프로젝트 설계 양식〉을 사용하여 프로젝트를 개발해보자.

● 그 프로젝트에 활용할 만한 문제상황을 몇 가지 개발하고 학생들에게 가장 흥미로운 상황을 고르게 한다.

● 학생의 최종 발표나 산출물을 떠올려보고 학생들이 기초, 심화, 전이 단계별 목표 달성 여부를 어떻게 표현할지 결정한다. 〈활동 3-5. 과업 계획서 작성하기〉를 참고하여 각 단계가 골고루 포함되도록, 그리고 모든 과업에서 읽기, 쓰기, 말하기 활동이 보장되도록 계획한다.

● 도입활동을 개발한 뒤 관심 있는 학생 대여섯 명에게 학습목표와 성공기준을 찾아보게 한다. PART4에서 소개할 〈활동 4-4. '아는 것/알아야 할 것' 목록 분석〉을 활용할 수 있다.

● PART5에서 소개할 〈프로토콜 5.1〉 '비평 친구 모임(CFT)'을 활용하여 피드백을 받아보자.

학습 효과를 높이는
세 가지 설계 혁신

학생들은
우리가 가르치는 대로
배우지 않는다.

– 딜런 윌리엄(Dylan Wiliam)

Part 4

• • •

설계 혁신 II :
도전적 과제와
적절한 개입

Project Based Learning

● 2008년 데릭 뮬러Derek Muller는 흥미로운 연구를 진행했다. 먼저 참가 학생들에게 몇 가지 물리학 개념에 관한 사전 평가를 실시한 뒤 영상물로 공부를 시켰고, 그런 다음 그 내용에 관한 시험을 보았다. 뮬러에 따르면 이 학생들은 영상을 통해 많은 것을 배웠고 확실히 이해했다고 굳게 믿었다고 한다. 그런데 사후 평가 결과를 분석해보니 학생들의 실력은 사전 평가를 받았던 당시와 별반 다를 바가 없었다. 이를 통해 뮬러는 자신의 사전 지식을 점검하여 혹시 있을 수도 있는 오개념을 확인하지 않는 학생들은 새로운 정보를 접하더라도 그 내용에 대해 기존에 갖고 있던 생각을 재확인하는 데 그친다는 사실을 알아냈다. 즉, 이를 다시 정리해보면,

- 학생들은 자신이 그 내용을 이미 알고 있다고 생각하였기 때문에
- 완전히 집중하지 않았고,
- 그 결과 영상물에 소개된 내용과 자신이 기존에 갖고 있던 생각이 다르다는 점을 깨닫지 못했다.
- 그리하여 결국 아무것도 배우지 못했을 뿐만 아니라
- 기존에 자신이 갖고 있던 생각을 더욱 확신하게 되었다.

그런데 두 번째 집단에게는 단순히 교과 내용을 전달하는 영상물 대신 해당 학습 내용에 대해 흔히 가질 수 있는 오개념을 보여주는 영상물을 시청하게 하였더니 그 개념을 이해하려는 노력이 더 많이 포착되었으며, 그 결과 학습이 일어났다. 이미 안다고 생각했던 내용

과 정확한 과학적 지식 사이에 차이가 있음을 깨닫게 되자 일정 수준의 인지적 긴장cognitive tension이 생겨났고, 이것이 그러한 비평형 상태disequilibrium를 해소하려는 노력으로 이어졌던 것이다. 쉽게 말해, 자신에게 인지 격차cognitive gap가 존재하며 그 격차를 메울 방법이 있다는 사실을 깨닫자 학생들에게 지적 호기심이 생긴 것이다.

프로젝트기반학습이나 문제기반학습이 학생의 관심을 끄는 흥미로운 문제상황을 통한 막연한 "참여"를 이끌어내는 데에서 벗어나야 하는 이유가 바로 여기에 있다. PBL은 사전 지식과 새 지식 사이의 모순을 부각하여 학습자를 지적으로 "괴롭게" 만드는 방향으로 나아가야 한다. 또한 교사의 교육 활동은 이러한 격차를 깨닫게 만들거나 학습을 진행시키는 데 필요한 지원을 하는 쪽에 집중되어야 한다.

이를 위해 다음 두 가지를 제안한다.

첫째, 학습 단계(기초, 심화, 전이)에 따라 교수 전략, 피드백 전략, 학습 전략이 달라져야 한다.

교사는 수업을 준비하기에 앞서 학생이 이미 알고 있는 것(사전 지식)을 파악해야 한다. 데이비드 오수벨(David Ausubel, 1968)의 주장처럼, "학습에 영향을 미치는 가장 중요한 단일 요인은 바로 학습자의 사전 지식이다. 이를 확인하여 이에 맞게 지도"해야 한다. 학생들은 현재보다 살짝 높은 수준의 내용이나 활동이 주어졌을 때 가장 잘 배우는데, 이를 골디락스Goldilocks 원칙이라고 한다. 배울 내용이 지나치게 어려우면 학생들은 많이 배우지 못할 뿐만 아니라 공부에 대한 흥미를 잃는다. 반대로 지나치게 쉬우면 시시하다고 느끼고는 금방 지루해한다. 기초, 심화, 전이 모든 단계에서 학습효과를 극대화하려면 개별 학습자의 이해 수준에 맞춰 교수 전략과 피드백을 섬세하게 조정해야 한다.

둘째, 학생의 현재 수준을 파악하여 수업을 조정하는 과정은 유동적이다. 다시 말해, 지속적인 관찰과 그에 따른 조정이 필요하다.

수업, 피드백, 학습 전략, 학습 활동에서 원하는 성과를 내려면 교사와 학생 모두 끊임없이 학생의 수준과 성취도를 관찰하여 그에 따라 접근법을 달리해야 한다.

PART3에서 학생들이 학습의 목표를 파악하도록 교사가 무엇을 해야 하는지를 집중적으로 다루었다면, 이번 PART에서는 "현재 나의 위치는 어디인가?"와 "다음에는 무엇을 해야 하는가?"라는 질문을 주로 다룬다. 더불어 학습자의 수준에 맞춘 교수 활동을 통해 학습을 촉진하는 전략을 연마하게 될 것이다. 학습자의 수준을 확인하고 나면 이 PART에서 소개하는 전략을 활용하여 학생의 이해 정도를 지속적으로 평가하고 그에 따른 맞춤형 전략을 세워 학습효과를 극대화할 수 있다.

적절한 난이도 및 교수 개입(Intervention) 설계하기

● 인지 격차를 만들어낸 뒤 학생이 이를 깨닫고 해

결하도록 하기 위해서는 다음 두 단계가 필요하다.

> 1단계 : 기초, 심화, 전이 단계별 목표에 따라 학생 활동과 교수 행위를 조정한다.
> 2단계 : 학생의 수행 능력을 파악하고 학습자에게 필요한 지도를 할 수 있도록 질문 체계를 갖춘다.

1단계에서 교사는 프로젝트 기간 중에 기초, 심화, 전이 단계별로 학생들이 참여할 활동을 결정한다. 동시에 어떤 교수 전략과 피드백을 제공하여 학습자를 지원할 것인지 고심한다. 또 각 단계별로 학습자에게 자신감을 길러주는 학습 전략 유형이 무엇인지도 고민해야 한다.

2단계는 1단계에서 세운 계획이 교실에서 제대로 작동되지 않을 때 문제를 해결하기 위해 교사가 취하는 여러 가지 조치를 뜻한다. 아무리 멋진 계획이라도 교사의 계획은 학습자의 사전 지식에 따라, 또 수업 중 관찰되는 모습에 따라 항상 수정되기 마련이다. 실제 교실에서는 모든 학생의 사전 지식과 경험이 다르기 때문에 교사는 이런 조건이 학습의 성과로 이어지도록 대비할 필요가 있다. 교사는 끊임없이 학생의 수준을 파악하여 최적의 학습 지원 방법을 찾아내야 한다. 따라서 2단계는 교사의 일상뿐만 아니라 학생이 하는 모든 활동에 '질문'이라는 요소가 구석구석 스며들게 하는 일이다.

_ 1단계 : 기초, 심화, 전이 단계별 목표에 따라 학생 활동과 교수 행위를 조정한다

PART3에서 밝힌 것처럼 PBL에서는 학습목표가 사전에 분명히 정립되며, 프로젝트 개시와 함께 탐구질문을 해결하기 위한 기초, 심화, 전이 단계별 학습목표가 제시된다. 일반적으로 프로젝트 초반에는 기초 단계의 학습 활동이 이루어진다. 기초 단계의 전략은 더 지시적인 경우가 많은데, 내용을 읽고 정리하거나 요약하는 활동이 주를 이루며 교사는 해당 내용을 직접 가르치고 구체적인 피드백, 즉 현재 진행 중인 과제와 관련된 피드백을 제공한다. 학습이 진행되면서 여러 가지 개념 사이의 관계를 살펴보거나 문제해결 방법, 메타인지와 같은 문제를 생각해보게 하는 쪽으로 전략도 변해간다. 지금부터는 학습의 각 단계에서 학생들에게 효과가 있을 것으로 예상되는 학생 활동과 교수 행위를 사전에 조정하는 일을 집중적으로 살펴보자.

학생의 이해 수준에 맞춰 교수 행위를 조정하는 일이 학습을 촉진시키는 데 대단히 중요하다는 점을 시사하는 연구는 무척 많다(Hattie & Donoghue, 2016; Hattie & Timperley, 2007; Marzano, 2007). 가령 로버트 마르자노(Marzano, 2007)는 학습 내용을 처음 접할 때(기초), 자신의 이해를 연습하고 심화시킬 때(심화), 비교적 복잡한 인지적 과제를 해결할 때(전이) 각각의 단계에 맞는 학생 지도 체계를 개발하였는데, 그 논리는 바로 학습자의 기존 지식과 학습목표 사이의 인지적 격차에 기초할 때 그러한 전략들이 학습에 기여할 수 있다는 생각에 기반한다.

존 하티와 헬렌 팀펄리(Hattie & Timperley, 2007) 역시 비슷한 결과를 내놓았는데, 학습 수준과 단계에 적합한 피드백이 일반적인 피드백보다 더 효과가 높다는 사실을 밝혀냈다. 즉, 학습자가 어떤 정보를 처음 접할 때에는 학습자에게 정오(正誤)를 알려주는 '과업 특수 피드백'이 요구되지만, 학습이 진행될수록 오류를 파악하는 능력을 길러주는 '과정 지향 피드백'이나 자기 조절과 같은 자기관리능력과 관련된 피드백이 필요해진다. 하티와 도노휴의 학습 전략 검토 연구(Hattie & Donoghue, 2016)에서도 이러한 경향이 관찰된다.

〈표 4.1〉 학습자의 요구에 맞춘 교수 활동의 조정

학습 단계		기초	심화	전이
		단일 개념, 사상, 기능의 이해	다수의 개념, 사상, 기능 사이의 연관성을 이해	다양한 개념 및 관계가 다양한 상황에 어떻게 전이되는지 이해
교수 전략	학습자에게 핵심 지식과 기능을 가르치는 데 효과적인 수업 전략	• 새로운 내용 훑어보기(KWL, 선행조직자(advance organizer)) • 가르칠 내용을 "소화할 수 있는 크기"로 작게 쪼개서 제시하기 • 처음 배우는 내용을 상세히 설명하기(예: 질문기법) • 내용을 적거나 말해보기	• 유사점과 차이점 살펴보기(예: 비교, 분류, 유추, 은유 학습) • 논리 속 오류 찾기(예: 오류, 선전선동 문구(propaganda), 편견 등 검토)	• 복잡한 인지적 과업에 참여시키기(예: 의사결정 과업, 문제해결 과업, 조사 연구 과업 등) • 학습 자료 및 지도 제공

피드백 전략	학습자가 학습을 진행시킬 수 있게 해주는 피드백 방식	학습자 스스로 현재 진행 중인 과업에 대해 깊이 생각해보게 만드는 정보를 제공 : • 정답, 오답 구분하기 • 더 다양하고 많은 정보의 습득 • 더 많은 기초 지식의 습득	다음을 처리할 정보를 제공 : • 여러 사상 사이의 관계 • 사고 및 활동 중 오류를 감지하는 방법	스스로 학습을 관리할 정보를 제공 : • 여러 가지 자기평가 기법 고안 • 학습 중 지원 요청 전략 • 학습 능력 향상을 위한 피드백 과정에 관심을 가지고 관리하기
학습 전략	학습자 스스로 학습을 위해 활용할 수 있는 효과적인 전략	• 개요 작성 • 기억술 • 요약 • 강조 • 필기 • 의식적 연습 (deliberate practice) • 예행연습	• 동료 활용 • 수업 중 토의 • 자기언어화 및 자기질문법 • 메타인지 전략	• 당면 과제에서 유사점과 차이점 파악하기 • 새로 접한 상황에서 규칙성 발견하기

　다시 말해, 교사는 기초, 심화, 전이 단계별 학습자의 요구에 부합하는가의 여부에 따라 교수 전략과 피드백 전략, 그리고 학습 전략의 효과는 천차만별이라는 점을 염두에 두어야 한다. 이를 위해 이 단계에서는 다음 두 개의 하위 단계를 거친다.

　하위 단계 A : 기초, 심화, 전이 단계별 성공기준에 맞춰 워크숍 개발하기
　하위 단계 B : 기초, 심화, 전이 단계의 진행에 따라 워크숍의 순서 배열하기

'워크숍'은 PBL에서 일반적인 수업을 가리킨다(〈표 4.2〉 참고). 워크숍은 기초, 심화, 전이 단계별 성공기준을 달성하기 위해 개발된다.

〈표 4.2〉 전형적인 워크숍 활동

1. '아는 것과 알아야 할 것' 검토 : 학생들은 사전 평가 자료(시험이나 건의사항 등)를 바탕으로 설계된 워크숍에 참가한다. 교사는 배울 내용이나 기능에 관해 이미 알고 있는 것을 학생과 함께 파악한 뒤 현재 상태와 학습목표 사이의 격차에 대해 이야기를 나눈다.

2. 연결 : 학생들은 현재 진행 중인 활동이 앞으로 다루게 될 프로젝트의 최종 학습 목표나 탐구질문과 어떤 관계가 있는지 생각해본다.

3. 교수 전략 제공 : 교사는 학습자의 지식과 기능을 참고하여 교수 전략을 구사한다. 학생들은 지금까지 효과적이었던 학습 전략에 대한 이야기를 나누기도 한다.

4. 연습 기회 제공 : 학생들은 개인 연습 또는 교사의 지도를 받는 연습을 하며, 서로에게 '비평 친구'나 자원이 되어 학습을 지원한다. 교사는 보통 피드백을 제공하는데, 이는 학생들이 연습을 철저히 하고 성공기준을 달성하도록 도움을 주기 위함이다.

5. '알아야 할 것' 검토 : 교사와 학생 모두 현재의 이해 수준과 진행 상황을 점검하여 이미 이해한 내용이나 현재 공부하고 있는 내용, 또는 앞으로 알아야 할 것을 분명히 밝힌다.

6. 학습 성과 검토 : 교사는 학습 성과를 평가하고 성찰할 기회를 제공한다. 교사는 학생들과 함께 개인별로는 물론 모둠별로도 확인하여 학습과 성장이 반드시 일어날 수 있도록 한다.

〈표 4.3〉 기초, 심화, 전이 단계별 워크숍 예시

1단계 : 학습목표
풍부한 자원과 새로운 상품시장 개척에 대한 산업화 국가의 욕망이 (사회 다윈주의와 같은) 문화적 우월감 및 군사력 증강과 맞물려 제국주의 확장을 가능하게 하고 부추겼음을 이해한다. 제국주의의 긍정적, 부정적 영향은 오래 지속되었다.

2단계 : 성공기준		
기초	심화	전이
• 한 국가가 여러 다른 국가에 미치는 정치, 경제, 사회적 영향력을 이해한다.	• 한 국가가 다른 나라에 미치는 정치, 경제, 사회적 영향력을 서로 연관지어 이해한다.	• 국가 간의 정치, 경제, 사회적 영향력을 현재의 쟁점과 관련하여 다른 나라의 상황에 적용한다.

학습 단계	필수 학생 과업	교수 전략	주요 질문 (알아야 할 것)
기초	개요 작성	시범, 간이 모의고사, 연습문제	다른 나라를 점령하는 이유로는 어떤 것들이 있는가?
심화	벤 다이어그램 작성	• 비언어적 표현 • 요약 • 유사점과 차이점 파악하기 (비교, 대조, 분류)	1800년대 후반에 강대국으로 간주되었던 나라는 어떤 나라들이며, 그렇게 평가받았던 이유는 무엇인가? 이들 나라는 당시 상대적으로 약소국의 위치에 있던 국가들의 정치, 경제, 사회 발전에 어떤 영향을 미쳤는가?
전이	여러 가지 문제를 비교하는 글 작성	가설 수립 및 검증, 은유, 유추	최근 영국 및 미국과 일부 중동 국가 사이에 있었던 분쟁에는 어떤 면에서 과거의 역사적 경향성이 반영되어 있는가? 그리고 그러한 경향성은 이들 국가 간 관계 개선을 위해 어떤 식으로 해체되었는가?

학습에 효과적인 워크숍을 구상하기 위해 교사는 다음과 같은 질문을 해야 한다.

- 기초 단계 : 학습목표와 관련된 기초 지식(사실, 용어 등)의 습득에 도움이 되는 교수법은 어떤 것들인가? 단일 사상이나 다수의 사상을 이해시키는 데 도움이 되는 피드백은 어떤 것들인가? 학생들이 기초 단계의 성공기준을 달성하는 데 도움이 되는 학습 전략은 무엇인가?

- 심화 단계 : 여러 사상을 연결하고 비교하는 데 도움이 되는 교수법은 어떤 것들인가? 이들 사상에서 일반화할 수 있는 내용은 무엇이며, 이들 사상에서 도출되는 원리는 무엇인가? 심화 단계의 학습에 도움이 되는 피드백은 어떤 것들인가? 학생들이 심화 단계의 성공기준을 달성하는 데 도움이 되는 학습 전략은 무엇인가?

- 전이 단계 : 기초 및 심화 단계의 학습 성과를 프로젝트에 적용하는 데 도움이 되는 교수법은 어떤 것들인가? 전이 단계의 학습에 도움이 되는 피드백은 어떤 것들인가? 학생들이 전이 단계의 성공기준을 달성하는 데 도움이 되는 학습 전략은 무엇인가?

〈표 4.4〉, 〈표 4.5〉, 〈표 4.6〉은 각각 학습 단계에 따라 효과적인 교수 전략 몇 가지를 제시하고 있다. 물론 이 밖에도 수많은 교수 전략

이 있으나 이 전략을 특별히 소개하는 이유는 그 자체로 좋은 학습 전략이기 때문이다.

〈표 4.4〉 전이 단계 교수 전략

교수 전략	방법	주요 질문 (알아야 할 것)
주장에 대한 근거를 제시하고 오류 찾기	학생들에게 논거를 지지하는 주장과 반박하는 주장을 찾게 한다. 아울러 비슷한 경향성을 분석하도록 한다.	우리의 주장을 입증할 근거로는 어떤 것들이 있는가? 반대 주장을 입증할 근거로는 어떤 것들이 가능한가? 이 분야의 전문가들은 이 문제를 어떻게 보고 있는가? 그 사람들의 생각은 우리와 어떻게 다른가?
비교의 확장 **(은유와 유추)**	학생들은 두 가지 쟁점을 직접 비교하여 유사점과 차이점을 파악한다.	이 쟁점을 해석할 방법으로는 어떤 것들이 있는가? 그러한 해석은 다른 문제나 상황, 원칙과 어떤 점에서 유사하고 어떤 점에서 다른가?
가설 수립과 검증	학생들은 문제의 해답을 찾은 뒤, 다양한 자료를 활용하여 그 답이 적절한지 판단한다.	당면한 문제에 어떤 답을 낼 수 있는가? 우리가 내놓은 추측을 어떻게 검증할 것인가?
비교 및 대조	학생들은 여러 가지 문제 사이의 유사점과 차이점을 조사한다.	이 문제들 사이의 유사점과 차이점은 무엇이며 이 원리와는 어떤 관계가 있는가? 또 다른 곳에 어떻게 적용될 수 있겠는가?

<표 4.5> 심화 단계 교수 전략

교수 전략	방법	주요 질문 (알아야 할 것)
유사점 및 차이점 조사	학생들은 비교, 분류, 유추, 은유 등의 활동에 참여한다. 도식조직자 등을 활용하여 유사점과 차이점을 나타내는 활동도 가능하다.	다양한 사상들 사이에 어떤 관계가 성립하는가?
논리 속에서 오류 찾기	• 교사는 여러 가지 사상의 관계를 보여주는 다양한 표현 방식을 제시한다. • 학생들은 비언어적 방식으로 새로운 정보를 표현한다.	특정 관점은 우리가 어떤 개념과 원리를 이해하고 적용하는 데 어떤 작용을 하는가?

<표 4.6> 기초 단계 교수 전략

교수 전략	방법	주요 질문 (알아야 할 것)
정교화 질문 (elaborative interrogation)	정교화 질문이란 어떤 사실이 왜 참이 되는지를 설명하는 전략이다. 먼저 학생들은 그 사실에 대해 자신이 알고 있는 것을 확인한다. 그런 다음 인터넷이나 교과서의 내용을 살펴본다. 이때 서로의 사전 지식을 공유하거나 자료 중 그 사실이 참임을 보여주는 내용을 토의하는 활동도 가능하다.	• 이것은 왜 참인가? • ~라는 사실이 이치에 맞는 이유는? • 이 사실이 X일 때는 참이 되지만 Y일 때는 참이 아닌 이유는 무엇일까?

직소(jigsaw)	직소란 주제 하나를 여러 부분으로 나누어 개인 또는 모둠에게 한 부분씩 읽게 한 뒤 개요를 작성하고 발표하게 하는 협업 전략이다. 각 모둠이나 개인은 자신이 맡은 부분을 다른 친구들과 공유하고 질문이 나오면 답변을 하기도 한다.	• 이 주제의 핵심 내용은 무엇인가? • 이 내용은 왜 중요한가?
관점 분석	관점 분석이란 어떤 사상을 다양한 관점에서 의심하고 탐구하는 전략으로 보통 다음 5단계로 진행된다. 1. 어떤 쟁점에 대한 입장을 정한다. 2. 그 입장을 뒷받침하는 논리를 정한다. 3. 반대 입장을 파악한다. 반대 입장은 하나일 수도 있고 여러 개일 수도 있다. 4. 반대 입장을 뒷받침하는 논리를 설명한다. 5. 배운 내용 중 핵심을 요약한다.	1. 나는 이 주제에 관해 어떤 생각을 갖고 있는가? 사람들은 이 문제에 대해 주로 어떤 생각들을 갖고 있는가? 2. 다른 사람들이나 내가 이렇게 생각하는 이유는? 3. 이 문제를 바라보는 다른 입장으로는 어떤 것들이 있는가? 4. 이 사람들이 다른 견해를 지니는 이유는 무엇인가? 5. 지금까지 배운 내용은?

하위 단계 B : 기초, 심화, 전이 단계의 진행에 따라 워크숍의 순서 배열하기

워크숍은 먼저 문제를 소개한 뒤(전이 단계의 학습목표 제시를 뜻한다) 역량을 구축하는 과정을 거쳐 최종적으로 탐구질문을 제대로 해결할 수 있을 정도로 충분한 이해력을 갖추는 순서로 진행된다. 따라서 워크숍 일정을 프로젝트 일정표에 기록할 때에는 "전이 → 기초 → 심화 → 전이"의 순으로 기록한다. 이 작업을 하면서 어떻게 하면 탐구질문을 해결하는 데 도움이 될까를 고민해야 한다. 그중 한 가지 방법은 문제해결 과정에 따라 워크숍을 몇 개씩 묶어서 배치하는 것이다. 여기서는 다음 세 단계를 따른다(토마스 하비(Thomas Harvey) 외, 《현실적인 의사결정자 : 조직의 의사결정 및 문제해결을 위한 지침서》(1997)에 소개된 문제해결 과정을 간소화한 내용이다).

1. **문제 및 학습목표의 정확한 이해** : 프로젝트가 1~3단계까지 진행되는 동안 학생들은 탐구질문과 과업, 프로젝트의 목표를 정확히 파악한다. 학생들은 프로젝트가 소개된 뒤 기초, 심화, 전이 단계별 지식과 기능을 습득하기 시작한다. 이러한 내용 지식과 기능 지식은 탐구질문을 해결하기 위한 토대를 형성한다. 이 단계에서 교사는 주로 '과업 특수 피드백'을 제공한다(〈표 4.1〉 참고).

2. **배운 내용의 전이를 통한 해결책 마련** : 프로젝트 3단계에서 학생들은 심화된 지식과 기능을 습득하고 프로젝트의 목표를 확실히 이해한다. 예를 들어 학생들은 잠재적인 해결책을 모색하기 시작하여 의뢰인은 물론 본인들도 만족할 만한 해결책을 선정한다. 해결책은 "많으면 많을수록 좋다! 빠르게 변화하는 복잡한 세상에서 좋은 해결책은 다양한 아이디어를 결합하고 이를 기반으로 하여 만들어지는 경우가 많기 때문이다."(Harvey, Bearley, & Corkrum, 1997). 해결책을 마련하는 일은 상당한 탐구 능력을 요하는 발산적 작업이다. 반면 해결책을 선정하는 작업은 수렴적 성격을

띤 활동으로, 분명한 의사결정과 합의가 요구된다. 이 과정을 마무리하면 학생들은 4단계로 넘어갈 준비가 된다. 교사는 이 단계에서 주로 '과정 지향 피드백'을 제공한다.

3. **해결책의 실행 및 점검** : 프로젝트의 4단계에서 학생들은 탐구질문에 대한 답이나 해결책을 주도면밀하게 계획해서 실행한 뒤 검토한다. 프로젝트 수업에서는 보고서의 두 번째 내지 세 번째 원고나 발표가 여기에 해당한다. 교사는 이 단계에서 주로 '자기관리 피드백'을 제공한다.

위와 같은 세 단계의 문제해결 과정과 기초, 심화, 전이 단계별 워크숍의 순서를 정하기 위해 프로젝트 일정표를 구성한다. 〈표 4.7〉은 프로젝트 일정표의 기본 양식이다(실제 사례는 〈부록2. 프로젝트1~4〉 참고).

〈표 4.7〉 프로젝트 일정표 양식

프로젝트 일정표					
	월	화	수	목	금
1주차 [1단계~ 2단계]	프로젝트 개시	기초 및 심화 워크숍	기초 및 심화 워크숍	기초 및 심화 워크숍	평가 워크숍
2주차 [2단계~ 3단계]	기초 및 심화 워크숍	전이 워크숍	– 평가 – 해결책 마련	전이 워크숍	해결책 선정 워크숍
3주차 [3단계~ 4단계]	워크숍 및 준비	발표 초안 피드백	워크숍 및 준비	발표	보고 및 성찰

_ 2단계 : 학생의 수행 능력을 파악하고 학습자에게 필요한 지도를 할 수 있도록 질문 체계를 갖춘다

질문도 지도의 일환이다. 다음은 학습의 모든 단계에 항상 함께해야 할 네 가지 질문이다.

- 학습의 목적은 무엇인가?
- 현재 나는 학습 과정의 어디쯤에 있는가?
- 내가 다음에 할 일은 무엇인가?
- 나와 다른 사람들의 학습을 어떻게 증진시킬 것인가?

프로젝트 수업에서 질문은 일상적인 수업의 일환으로 녹아 있어야 한다. 앞서 밝혔다시피 학습은 대체로 학생의 사전 지식과 경험을 토대로 일어나는데, 이 사전 지식과 경험은 학생마다 모두 다르다. 따라서 학생들은 똑같은 경험이라도 저마다 다르게 해석하며, 이해하는 정도도 모두 다를 수밖에 없다. 그레이엄 너텔(Graham Nuthall, 2005)은 이에 대해 다음과 같이 말했다.

학생이 어떤 활동을 하면서 바쁘게 움직이는 모습을 보고 그 학생이 무엇을(또는 어떻게) 배우고 있는지 알 수 있는 것은 아니다. 정확히 어떤 지식이 그 학생의 머릿속을 사로잡고 있는지를 알아야 한다. 간단한 예를 들어 생각해보면 쉽다. 어떤 아이가 열심히 책을 읽고 있다고 치자. 하지만 그 아이가 어떤 책을 읽고 있으며 책의 내용이 아이의 사

전 지식과 어떻게 연결되고 있는지를 알기 전에는 단지 책을 읽고 있다는 이유만으로 뭔가를 배우고 있다고 말하기는 어렵다. (중략) 그러나 안타깝게도 학습 활동(강의를 듣거나 실험 결과를 논하거나 조사 보고서를 쓰는 활동 같은)에 참여하기만 하면 그 활동의 내용이 학생의 머릿속에 들어갈 거라는 근거 없는 믿음을 가진 사람들이 여전히 있다.

"아이들은 우리가 가르치는 대로 배우지 않는다"는 딜런 윌리엄의 말에 힘이 실리는 이유가 바로 여기에 있다. 어떤 활동과 학습자가 습득하는 것 사이에는 직접적인 상관관계가 없다. 그럼에도 불구하고 교육자들은 학생이 어떤 활동에서 하고 있는 행동과 학생에 대해 교사들이 지니고 있는 생각을 바탕으로 학생의 학습에 대한 판단을 내리는 엄청난 실수를 자주 저지른다. 아이들에게 실질적인 영향을 미치려면 교육자는 반드시 학생 한 명 한 명이 활동을 하면서 무슨 생각을 하는지를 알아내야 하고, 이를 근거로 하여 학습에 도움이 되려면 앞으로 어떤 활동이 필요한지에 대한 결정을 내려야 한다. 학습에서 너무나 중요한 "점검과 대화"라는 요소가 빠진 단순히 "행하면서 배운다learning by doing"라는 슬로건이 위험한 것은 바로 이 때문이다.

인간이 뭔가를 하면서 배우는 건 부인할 수 없는 사실이다. 하지만 사람마다 배우는 것은 다르기 때문에 그러한 차이는 대충 짐작하고 넘어갈 것이 아니라 정확히 이해하여 활용해야 한다. 질문은 추측을 검증하기에 좋은 방법이다. 교사는 질문을 통해 학생이 어느 정도 이해했는지 지속적으로 평가할 수 있으며 이를 바탕으로 적절한 지도가 가능하다. 라리사 매클레인 데이비스Larissa McLean Davies 등도 이를 강조한 바 있다.

> 교사는 모든 학생의 학습 상태와 요구를 평가하고 그에 따라 적절히 지도하여 학습을 진행시켜야 한다. 또한 자신의 가르침이 학생 개개인에게 어떤 효과가 있는지를 평가할 전문성을 갖추어야 한다. (중략) 교사는 증거를 수집하고 타당한 임상적 판단으로 개별 학습자의 요구에 부합하는 적절한 학습 전략을 마련하는 데 능숙해야 한다. 임상적 판단은 분명한 지식 체계와 예리한 관찰 능력, 그리고 고도로 발달된 분석력을 바탕으로 할 때에만 가능하다. (중략) 교수 학습 방법이 철저히 자료와 증거에 바탕을 둔 것일 때 학생이 어떠한 발달 단계에 있든지, 어떤 지적능력을 지녔는지와 상관없이, 학습 환경을 정비하고 모든 학생의 학습에 적절한 도움을 제공할 수 있다.

교사의 지도나 개입은 새로운 정보를 해석하여 기존의 지식 체계와 동화시키거나 그 체계를 바꾸는 일에 집중되어야 하며 이것이 학습의 본질이다. 그러나 그동안 PBL에서 교사의 개입이나 지도는 학습의 본질보다는 주로 과업의 진척 정도나 마감기한 준수, 모둠 내 상호작용과 관련된 문제를 해결하는 일을 중심으로 이루어져왔다. 짧은 중간 점검 협의회를 자주 열어 단계별 성공기준에 어느 정도 도달했는지 파악하고, 과제별 마감기한을 공지하거나 학생 주도의 토의를 도와주는 교사들도 물론 있다(Mergendoller & Thomas, 2005). 그러나 이와 같은 일상적인 중간 점검 협의회가 성과를 내려면 교사가 운영상의 문제보다는 학습적 측면에 주력해야 하며, 학습의 진행이나 실력 정도에 맞춰 적절한 교수 개입이 이루어져야 한다. 중간 점검 협의회가 가장 효과적일 때는 교사가 학습자의 사전 지식이나 오개념, 학습 성과와 그에 따른 개입과 관련된 정보를 갖게 될 때이다. 그러한 협의회는 일상적인 수업 안에서 몇 가지 구조화된 질문을 통해 이루어질 수 있는데, 이 속에서 교사와 학생 모두 학습에 집중하면서 이에 대해 이야기를 나누고 필요한 조치를 취할 수 있다.

형성적 교수(Formative Teaching)의 일상화 ───

● 학습이 기초 단계에서 심화 단계로 진행되는 동안 학생의 사전 지식은 공개되고 검증되고 변화되어야 한다. PBL 교실에서는 프로젝트의 모든 단계에서 앞서 소개한 네 가지 필수 질문을 활용한다. 이 질문들은 주로 학습을 위한 평가AfL: Assessment for Learning 연구에 근거를 두고 있다. 학습을 위한 평가, 즉 형성적 평가formative assessment는 '학습 성과를 근거로 학습자의 요구를 파악하여 교실 수업을 조정하는 일'로 정의할 수 있다. 제임스 팝햄(James Popham, 2013)은 형성적 평가를 가리켜 '목적-수단 과정ends-means process'이라고 했는데, 이는 학생과 교사 모두가 (1) 목표 전반을 분명히 이해하고, (2) 현재 수행 능력을 인식하고 있으며, (3) 학습 증진을 위해 조치를 취한

다는 것을 의미한다.

형성적 평가는 교사와 학생 모두가 최선의 방법으로 인지적 격차를 줄이기 위해 노력하는 능동적인 과정이다. 형성적 교수formative teaching는 상당한 학습효과가 있는데, 이러한 방법이 학생에게 학습목표를 분명히 알려주고, 어렵지만 감당할 수 있는 목표와 적절한 피드백을 제시하며, 목표 달성을 위한 기회를 여러 번 제공하고, 학습 단계별로 교수 전략과 학습 전략을 조정해주기 때문이다. 아울러 지식 격차(목표)를 정확히 파악하고 그 격차를 해소할 방법(수단)이 분명해지면 학생의 동기 역시 향상된다.

간단히 말해 "격차에 집중하라"는 것이다. 즉, 프로젝트가 진행되는 내내 학생들이 자신이 현재 경험하고 있는 인지적 부조화를 해결할 수 있게 만들라는 뜻이다. 그리고 그 격차를 부각시키는 수단이 바로 교사가 다음 네 개의 질문에 대한 답을 학생들에게 끊임없이 요구하는 일이다.

- 학습의 목적은 무엇인가?
- 현재 나는 학습 과정의 어디쯤에 있는가?
- 내가 다음에 할 일은 무엇인가?
- 나와 다른 사람들의 학습을 어떻게 증진시킬 것인가?

질문 1. 학습의 목적은 무엇인가?

첫 번째 질문은 학생들에게 프로젝트의 최종 목표를 비롯하여 세부적인 중간 학습목표를 이해시키기 위한 것이다. 교사는 학생이 프로젝트의 학습목표를 이해하고 표현할 수 있도록 돕는, 프로젝트 기간 내내 활용할 수 있는 개인 및 집단 활동들을 알아내야 한다(〈표 4.8〉 참고).

질문 2. 현재 나는 학습 과정의 어디쯤에 있는가?

두 번째 질문은 학생과 교사가 프로젝트의 최종 목표 및 이를 통해 이루고자 하는 궁극적인 목표에 비추어 학습 내용을 어느 정도 이해하고 있으며 수행 능력은 어느 정도인지를 파악하게 하는 것이다(〈표 4.9〉 참고). 이를 위해 학생에게 두 가지가 요구된다.

1. 프로젝트의 최종 목표에 비추어 자신의 이해나 능력이 어느 정도인지 파악한다.
2. 의미 있는 몇 가지 단기 목표를 세우고 프로젝트의 최종 목표와 단계별 학습목표를 달성하기 위한 계획을 세운다. 친구나 교사의 도움을 받으면 이 활동을 더 잘할 수 있다.

질문 3. 내가 다음에 할 일은 무엇인가?

세 번째 질문은 교사와 학생들이 서로 피드백을 주고받으면서 전반적인 학습 증진을 위한 의사결정을 내리는 일이다. 〈표 4.10〉에 향후 할 일을 파악하는 데 도움을 주는 전략을 소개하였다.

마지막 질문에는 두 가지 목적이 있다. 첫째는 자기조절능력과 메타인지(〈표 4.1〉 전이 단계 학습 전략 부분 참고)를 촉진시키기 위함이며, 둘째는 학습자들끼리 서로 학습을 지원하도록 장려하기 위함이다. 이러한 집단 학습collective learning을 지원하는 방법은 PART5에서 본격적으로 다룰 예정이다.

〈표 4.8〉 학습목표를 명확히 이해하기 위한 전략
(학습의 목적은 무엇인가?)

전략	방법
탐구질문 개발 및 검토	학생들은 도입활동을 검토하여 그 안에 내포된 탐구질문을 파악하고, 문제상황 속에서 핵심 학습목표와 성공기준을 분리해낸다. 그런 다음 각자의 생각을 교사와 학생 모두가 볼 수 있도록 일정한 공간에 붙인다. 이제 교사는 학생들에게 학급 전체가 동의하는 학습목표와 성공기준을 작성하도록 요청한다.
목록 작성 : 아는 것과 알아야 할 것	학생들은 자신이 이미 알고 있는 것과 이해가 부족한 부분(즉, 알아야 할 것)이 무엇인지 파악하여 두 개의 목록에 나누어 정리한다.
경청과 연결	교사는 학생들에게 T-차트를 만들게 한 다음, 왼쪽에는 정확히 이해한 성공기준을, 오른쪽에는 정확히 이해할 수 없는 성공기준을 적게 한다. 학생들은 3인 1조가 되어 서로 작성한 내용을 검토한 뒤 정확히 이해하지 못한 내용을 모아 하나의 공통된 목록을 작성한다. 교사는 돌아다니면서 대화를 경청하여 학생들이 공통되게 헷갈려하는 부분이나 잘못 이해하고 있는 부분을 파악한다. 마지막으로 다음 질문을 통해 학생들과 함께 어떻게 하면 명확성을 더욱 높일 수 있을지 의논한다. • 명확성을 더욱 높이기 위해 나/우리는 무엇을 할 수 있을까? • 이다음에 나/우리가 할 일은 무엇인가? • 명확하게 이해가 되었던 목표나 성공기준이 있다면, 그것은 어떤 요인 때문일까?

성공기준의 공동 개발	학생들에게 어떤 프로젝트의 학습목표를 제시한 뒤 이 학습목표에서 추출할 수 있는 성공기준을 파악하게 한다. 그리고 학생들이 개발한 성공기준을 수합한 뒤 그 프로젝트의 결과물 하나를 주고 학생들이 개발한 성공기준에 따라 그 작품을 평가하게 한다. 마지막으로, 수정할 성공기준이나 추가할 내용이 있는지, 그 이유는 무엇인지 물어본다.
사전 지식 파악	'아는 것/알아야 할 것' 목록 이외에도 몇 가지 사전 평가를 통해 학생들의 사전 지식을 파악할 수 있다. 시험의 형태일 필요는 없으며, "이 프로젝트와 관련하여 내가 이미 알고 있는 것은 무엇인가?"라는 질문에 답하는 5~10분 정도 걸리는 짧은 활동이면 된다. 학생들은 각자 3~5분 정도 이 질문에 답을 작성한다. 답안 작성이 끝나면 다음과 같은 활동을 제시한다. • 전형적인 문제에 대한 오답을 제시한 뒤, 이 문제와 해답에서 무엇을 알아냈는지 묻는다. • 어떤 문제에 대한 답을 하나 제시한 뒤, 이 해답이 왜 맞는지(혹은 틀렸는지) 토의하게 한다. • 어떤 문제에 대한 답을 하나 제시한 뒤, 이 문제를 풀 수 있는 방법이 몇 가지인지 알아보게 한다.

〈표 4.9〉 현재 학습 상태를 분명히 이해하기 위한 전략
(현재 나는 학습 과정의 어디쯤에 있는가?)

전략	방법
손들지 마	교사나 친구가 낸 문제의 답을 알더라도 손을 들지 않기로 사전에 규칙을 정한다. 대신 핵심 내용에 관한 질문이나 학습목표 및 성공기준의 달성 정도를 파악할 수 있는 질문을 제시하고 무작위로 학생을 지목하여 답을 하게 한다. 이렇게 하면 학생 개개인이나 학급 전체의 이해 정도를 더 잘 파악할 수 있다. 학생들은 중요한 학습 내용이나 자신의 이해 정도에 대해 질문이 있을 때 손을 들 수 있다. 교사는 이를 통해 학생들의 학습 상태를 잘 알게 된다.
농구공 패스	문제를 낸 뒤 최소한 학생 다섯 명에게 답을 말하게 하는 전략이다. 즉, 학생 한 명이 답을 말한 뒤 교사가 어떤 반응을 보이기 전에 적어도 다섯 명에게 그 답을 "패스"하는 방식이다.

카드 들기	학생들은 A, B, C, D가 각각 적혀 있는 카드를 받는다. 학생이나 교사가 사지선다형 문제를 내면 학생들은 각자 A~D 중 카드 한 장을 들어 정답을 표현한다. 그런 다음 조별로 정답에 대해 토의하면서 친구들의 피드백을 반영하여 답을 고치기도 한다.
핵심 목표 일일 점검	시간을 내어 핵심 성공기준과 과제 완성 조건을 검토하면서 학습이 현재 어느 정도 진행되었는지를 파악하고, 단기 목표를 세운 뒤 그 목표를 달성하기 위해 실천에 나선다. 목표가 세워지면 학생들은 목표와 현재 진행 상황에 대해 토의를 한 뒤 수업이 끝날 때 교사에게 그 결과지를 제출하고 교사는 이를 검토한다.

〈표 4.10〉 다음 단계를 파악하기 위한 명료화 전략
(내가 다음에 할 일은 무엇인가?)

전략	방법
진술 평가	교사나 학생이 타인을 평가할 때 점수나 수준을 표기하지 않고, 순수하게 진술만으로 피드백을 제공하는 방식이다. 피드백은 학습목표와 성공기준과 관련된 내용이다.
과제-피드백 짝짓기	학생들의 과제를 채점한 뒤, 각 과제에 대한 피드백이 적힌 종이를 띠 모양으로 잘라 이를 과제와 함께 학생들에게 나눠준다. 학생들은 조별로 각각의 피드백이 어떤 과제에 해당하는 것인지 맞춰본다.
2/3 평가	일반적으로 총괄평가는 프로젝트가 2/3 정도 진행되었을 때 실시한다. 그 이유는 학생과 교사에게 평가 결과를 바탕으로 교정적 조치를 취하거나 대안을 마련하는 데 충분한 시간을 주기 위해서이다.

〈표 4.11〉 자신과 집단의 개선을 위한 명료화 전략
(나와 다른 사람들의 학습을 어떻게 증진시킬 것인가?)

전략	방법
목표 달성을 위한 핵심 전략 파악	학생들은 그동안 사용했던 주요 학습 전략을 돌아보고 특정 목표를 달성하는 데 그 전략이 얼마나 효과적이었는지를 평가한다. 그리고 자신의 생각을 친구들과 공유한 뒤 새 학습목표를 달성하는 데 사용할 전략을 결정한다.
목표 설정 및 계획 수립	학생들은 학습목표를 이해하기 위한 사전 평가에 임한다. 그다음 그 목표를 달성하기 위해 앞으로 할 일을 생각해내고, 다른 사람들과 그 내용을 공유하고 피드백을 받아 각자의 목표를 달성하기 위한 최종 계획을 수정한다.
비평 친구 활동	참가자 모두 동그랗게 둘러앉는다. 먼저 한 학생이 자신의 성취 정보를 공유한다. 다른 학생들은 발표자에게 질문을 하며 그 정보를 정확히 이해한다. 그런 다음 발표자는 말을 하지 않는 가운데 다른 학생들이 그 학생의 강점과 궁금한 점, 앞으로 해볼 수 있는 일들에 대해 이야기를 나눈다.
추적 검사	학생들은 각자 구글시트에 학습목표를 적고 성공기준 대비 자신의 발전 정도를 표기한다.
무작위 토의 모둠	학습목표와 성공기준에 관해 함께 고민할 토의 모둠을 매주 바꾸어 피드백을 주고받게 한다.

··· •

　프로젝트기반학습에서는 교사가 기초, 심화, 전이 단계에 따른 최적의 워크숍을 조직하여 학습자의 역량을 계발한다. 이러한 작업에서 중요한 한 가지는 이 세 개의 단계에 적합한 교수 개입이나 전략(교수, 학습 및 피드백을 위한)을 파악하는 일이다. 이 작업이 끝나면 문제해결 절차에 맞추어 개발된 워크숍의 일정을 배치한다. 한편 교사는 학생들의 이해 정도를 드러나게 할 몇 가지 질문 전략을 통해 학생의 학습 상황을 끊임없이 점검한다. 이를 통해 기초에서 심화, 전이 단계로 학습을 진행시키는 데 필요한 교사의 적절한 개입이 가능하다. 학생들은 이러한 과정을 통해 자신의 학습을 돌아보고 어떻게 하면 학습을 증진시킬지 고민하기 시작하며, 학습 공동체의 일원으로서 어떻게 학습 과정에 참여하고 또 친구들을 참여시킬지 생각하게 된다.

🏫 생각해볼 문제

● 학생들의 사전 지식을 파악하는 방법으로는 어떤 것들이 있는가? 개별 학생, 모둠, 학급 전체가 다음에 할 일을 파악하기 위해 그러한 정보를 어떻게 활용하는가? 학생들이 자신이 현재 알고 있는 것과 알아야 할 것 사이의 간극을 깨달을 수 있도록 어떤 방법을 사용하는가?

● 학습자의 학습 상태를 파악하기 위해 어떤 정보를 모으고 있는가?

● 기초, 심화, 전이 단계에 따라 학생을 지원하는 교수 전략으로는 어떤 것들이 있는가?(자신이 가르치는 과목에 국한된 교수 전략 또는 전 과목에서 공히 활용할 수 있는 전략을 말함)

● "행하면서 배운다(Learning by doing)"라는 말이 있다. 어떻게 하면 학생들이 무엇인가를 행하는 과정에서 의도한 학습이 일어나도록 보장할 수 있을까?

● 학생들이 자신의 인지적 격차를 유념하고, 네 가지 질문을 이용하여 자신은 물론 친구들의 학습을 촉진시키는 능력을 발전시키기 위한 방법으로 어떤 것들이 있는가?

- 현재 자신의 교수 활동을 돌아보자. 내가 가르치는 학생들이 수업 이전과 수업 이후에 자신의 이해 정도를 전달하는 능력은 얼마나 달라졌는가?

- 교사가 학생과 나누는 대화 중 자원의 배분이나 관리, 활동 시간, 모둠 구성, 과업 마감기한과 관련한 인센티브나 불이익 등에 대한 내용은 어느 정도를 차지하는가? 또 학생들끼리 나누는 대화에서는 이 내용이 어느 정도를 차지하는가?

📚 활동하기

활동 4-1. 워크숍 조직

다음에 제시된 워크숍의 요소를 포함하여 기초, 심화, 전이 단계별 워크숍을 구상해보자. 〈표 4.3〉의 사례를 활용하되, 〈표 4.4〉, 〈표 4.5〉, 〈표 4.6〉에 제시한 각 단계별 교수 전략을 참고하여 작성하라.

- 워크숍의 요소
- 아는 것/알아야 할 것 검토
- 연결
- 교수 전략
- 교사의 도움을 받는 연습/스스로 하는 연습
- 산출물
- 알아야 할 것 검토
- 학생 결과물 점검/연습 강화

활동 4-2. 프로젝트 일정 수립(〈표 4.7〉 참고)

프로젝트 일정은 대략적인 형태로 작성한 후 계속해서 수정한다. 일정은 10~15분 정도 걸려서 작성하되 언제든지 수정할 수 있도록 연필로 작성하는 것이 좋다. 다음은 일정 수립 절차이다.

1. 연필 또는 워드 문서를 이용한다.

2. 기초, 심화, 전이 단계의 워크숍을 조직한다.

3. 각 단계를 어느 주에 배치할 것인지 결정한다.

4. 학습 결과를 점검할 평가 일정을 결정한다.

〈표 4.12〉 프로젝트 일정표 양식

	월	화	수	목	금
1주차 [1단계~ 2단계]					
2주차 [2단계~ 3단계]					
3주차 [3단계~ 4단계]					

활동 4-3. 수업 중 질문 분석하기

수업에서 일상적으로 다음 네 가지 질문을 활용해보자.

- 학습의 목적은 무엇인가?

- 현재 나는 학습 과정의 어디쯤에 있는가?

- 내가 다음에 할 일은 무엇인가?

- 나와 다른 사람들의 학습을 어떻게 증진시킬 것인가?

이때 학생과 교사가 운영 중심 질문(프로젝트 운영, 자원, 모둠 구성, 과업, 채점, 규칙과 관련된 질문)과 학습 중심 질문(학습목표, 성공기준, 사전 지식, 학습 전략과 관련된 질문)에 각각 어느 정도의 시간을 사용하는지 평가해보자. 간단한 T-차트를 활용하여 교사와 학생의 응답을 적어보자. 〈표 4.13〉의 예시 질문들은 다른 교사들을 초대했을 때나 학생들이 운영 중심 질문과 학습 중심 질문을 분석하는 데 도움이 될 것이다.

〈표 4.13〉 질문용 T 차트

전략	운영 중심 질문	학습 중심 질문
학습의 목적은 무엇인가?	• 내가 해야 할 일은 무엇인가? • 마감기한은 언제인가? • 프로젝트에 필요한 자료는 어디에 있는가? • A를 받으려면 어떻게 해야 하는가? • 이 과제는 몇 점짜리인가? • 우리 조원은 누구누구인가?	• 학습목표와 성공기준은 무엇인가? • 공부한 내용을 어떤 방식으로 표현해야 하는가? • 이 프로젝트가 진행되는 동안 알게 된 것을 어떻게 나타낼 것인가?
현재 나는 학습 과정의 어디쯤에 있는가?	• 이 과제는 몇 점짜리인가? • 어떻게 하면 더 좋은 점수를 받을 수 있는가? • 제출기한은 언제인가?	• 어떤 성공기준을 달성하였는가? • 학습목표와 관련하여 어떤 사전 지식을 가지고 있는가? • 채점기준표를 검토하여 현재 자신의 위치를 파악하라.
내가 다음에 할 일은 무엇인가?	• 점수를 올릴 기회가 있는가? • 추가 점수는 있는가?	• 현재 자신의 상태를 검토한 뒤 자신의 학습을 증진시키기 위한 다음 단계로 어떤 것들이 있는지 파악하라. • 자신이 공부하여 이해한 바를 다른 사람에게 보여주는 방법에는 어떤 것들이 있는가?

나와 다른 사람들의 학습을 어떻게 증진시킬 것인가?	• 앞으로 함께 공부할 사람은 누구인가? • 친구들에 비해 나는 얼마나 잘 했는가?	• 선생님의 수업이나 교사 및 친구의 피드백, 그리고 자신이 사용한 학습 전략이 효과적인지 어떻게 파악하고 있는가? • 다른 친구들의 학습에 어떤 도움을 주었는가? • 다음 단계로 어떤 것들을 염두에 두고 있는가?
성찰	• 이 정보는 얼마나 중요한가? • 이번 분석은 지난번 분석과 어떻게 다른가? • 효과가 있었던 것은? • 앞으로 성장이 기대되는 영역은 어디인가?	
향후 계획	• 우리 반의 학습을 증진시키기 위해 필요한 다음 단계로는 어떤 것들이 있는가?	

활동 4-4. '아는 것/알아야 할 것' 목록 분석

'아는 것/알아야 할 것' 목록은 학생의 이해 정도와 학생들에게 필요한 영역을 파악하는 데 자주 쓰이는 도구이다. 이 목록은 아래 예시와 같이 기초, 심화, 전이 및 다음 단계를 포함하는 내용으로 세분화된다. 다음에 소개하는 세 개의 사진을 통해 프로젝트가 진행되면서 이 표가 어떻게 변모해가는지를 잘 알 수 있다. 첫 번째 사진은 빈 양식이다. 두 번째와 세 번째 사진은 학생이 기초에서 심화로, 그다음 전이 단계로 어떻게 옮겨갔는지를 보여준다.

다음은 수업 중 이 목록을 활용할 때 거쳐야 할 절차이다.

1. 먼저 목록을 기초, 심화, 전이 단계별로 구분한다.

2. "다음 단계"를 위해 세로줄을 하나 더 추가한다.

3. 모든 학생이 볼 수 있도록 목록을 교실에 게시한다.

'아는 것/알아야 할 것' 목록 양식(작성 전)

	아는 것	알아야 할 것	알으로 하일
기초			
심화			
전이			

기초 및 심화 정보가 작성된 양식

	아는 것	알아야 할 것	알으로 하일
기초	- 단백질 - 리보솜	- 전사란 무엇인가?	① 개요 작성 ② 자료 검토
심화	- 단백질은 리보솜 내에서 형성된다.	- 번역이란 무엇인가? - 전사와 번역은 어떤 관계가 있는가?	③ 개별 지도 작성 ④ 단백질 합성에 관한 워크숍 참가
전이			

전이 정보가 작성된 양식

	아는 것	알아야 할 것	앞으로 할 일
기초	- 단백질 - 리보솜	- 전사란 무엇인가?	① 개요 작성 ② 자료 검토
심화	- 단백질은 리보솜 내에서 형성된다.	- 번역이란 무엇인가? - 전사와 번역은 어떤 관계가 있는가?	③ 개념 지도 작성 ④ 단백질 합성에 관한 워크숍 참가
전이	단백질은 단백질 합성을 통해 생성된다 (전사/번역) + 이 과정 에 문제가 생길 수 있다.	△는 단백질 합성에 어떤 영향을 미칠 수 있는가?	⑤ 아이디어 대한 자료 찾기 ⑥ ⑤번 내용과 단백질 합성을 연결하기

프로젝트 수업
제대로 하기

📚 다음 단계로 나아가기

● 기초, 심화, 전이 단계별 워크숍을 개발한다. 각 단계별로 최적의 핵심 교수 전략 및 학습 전략, 피드백 전략을 파악하여 작성 중인 프로젝트 양식에 추가해보자.

● 프로젝트 일정표에 워크숍을 배치한다.

● '아는 것/알아야 할 것' 목록을 활용하여 학생의 사전 지식을 파악하고 기초, 심화, 전이 단계별로 학생들이 가지고 있는 질문들을 확인한다.

● 자신의 수업에 다음 질문을 포함할 방안 세 가지를 생각해본다.

　- 학습의 목적은 무엇인가?
　- 현재 나는 학습 과정의 어디쯤에 있는가?
　- 내가 다음에 할 일은 무엇인가?
　- 나와 다른 사람들의 학습을 어떻게 증진시킬 것인가?

문화는
공통된 학습 경험의 결과물이다.

– 클레이톤 크리스틴슨(Clayton Christensen), 크리스틴 슈(Kristin Shu)

Part 5

**설계 혁신 III :
학습에 대한
자신감을 심어주는
문화**

Project Based Learning

● 2000년대 초반, 나파에 위치한 뉴텍 고등학교에서 있었던 일이다. "친한 친구들이 있어서", "간섭받고 싶지 않아서", "A 받기 쉬워서"라는 이유를 대며 학생 몇 명이 인근 고등학교 몇 군데로 전학을 갔다. 그런데 재미있는 일이 일어났다. 반년도 지나지 않아 이 학생들 모두가 되돌아온 것이다. 그들은 학교를 떠나 있는 동안 뉴텍의 모든 구성원이 자신을 인간으로, 그리고 학습자로 보살펴주었음을 깊이 깨달았다고 했다.

뉴텍과 비슷한 문화를 가진 소위 성공한 학교에 가보면 교실이나 학교 전반에서 어떤 문화가 금방 느껴지는데, 이 "느낌"은 '전문성'과 '상호 존중', '즐거움'이라는 말로 요약된다. 학교의 다양한 구성원들 사이의 관계(교사-교사, 교사-학생, 학생-학생)가 지금까지 자신이 경험했던 여느 학교와 완전히 다르다는 것을 알게 되고, 구성원끼리 사용하는 언어나 서로를 대하는 태도, 그리고 일상적인 행위 속에서 서로가 서로를 아끼고 있음을 느낀다. 학습자들은 자유롭게 마음속 생각을 드러내고 아직 다듬어지지 않은 생각도 표현하고 있으며, "사람에게는 부드럽되 내용에는 엄격한" 피드백을 주고받는 일에 개방적이며 이를 수용할 준비도 되어 있다. 또한 학습과 관련하여 자신은 물론 다른 사람들을 도와줄 지식과 기능을 어느 정도 갖추고 있으며, 학습자로서의 자신감도 지니고 있다.

뉴텍에서 교사로 근무하는 동안 많은 사람들이 내 수업을 참관하러 왔었다. 이들은 일단 학생들끼리의 관계에서 한 번 놀랐으며, 의견 표현과 교환, 경청, 정중한 대화와 논쟁에 대한 학생들의 역량에 놀라움을 금치 못하였다.

참관자들은 보통 두 단계의 놀라움을 경험한다. 내 수업의 분위기가 자신의 학창시절은 물론 현재 근무하는 학교의 환경과 완전히 다르다는 사실에 한 번 놀라며, 이러한 문화가 체계적이고 구석구석 깃들어 있다는 사실에 한 번 더 놀란다. 우리는 오류를 가치 있게 받아들였으며, 문제기반학습이나 프로젝트기반학습이 단순한 수업 방식에 그치는 것이 아니라 학교 조직의 모든 수준에서 이루어지는 문제해결 방법이자 의사결정 방법이라는 것을 잘 알고 있었다. 또한 다른 사람들의 이야기를 귀담아들으며 어려움을 이해한 뒤, 이에 관해 토론을 벌이며 협상을 통해 해결하는 기회를 제공한다는 점에서 협업collaboration을 학습의 자산으로 인식하였다.

참관자들이 금방 알아채지 못한 것은 오랜 시간 그러한 문화를 정착시키고 관리하고 개선하고자 했던 의도적인 설계의 존재였다. 많은 이들이 자신이 목격한 것과 본인의 학교에서 해야 할 일 사이의 격차를 깨닫고 돌아갔다. 그들은 그 격차를 줄이기 위한 구체적인 해결책을 찾아 나섰다. 새 가구를 들이고, 스마트 칠판을 설치하고 시간표를 바꾸고, 채점 체계를 개선하거나 프로젝트기반학습 방식을 도입해야 한다고 주장하는 사람들도 있었는데, 이는 모두 즉시 효과를 기대할 수 있는 일종의 응급처치에 불과하였다. 사실 그러한 방법으로는 뉴텍에서 목격한 분위기와 관계 형성을 기대하기 어렵다. 그 문화는 형성적 교수의 일상화를 위한 네 번째 질문인 "나와 다른 사람들의 학습을 어떻게 증진시킬 것인가?"를 염두에 두고 의도적으로 설계된 것이기 때문이다.

뉴텍은 학습 시 서로에게 의존하는 신뢰trust를 통해 차이를 이해하고 인정하는 존중respect, 그리고 자신 및 전체의 행동에 주인의식을 가지는 책임responsibility이라는 세 개의 핵심 신조를 확립하였다. 또한 이러한 신념이 작동하도록 성장형 사고방식과 평가 능력, 협업 능력에 가치를 두는 절차(프로토콜)와 규범(지침)을 설정하였다. 그 결과 학생들은 친구 및 교사와 탄탄한 관계를 형성하였고 어려운 내용이나 상황을 만났을 때 인내심을 갖고 노력을 이어갈 신념 체계와 방법을 마련하게 되었다. 이러한 문화 속에서 학생들은 서로에게 학습 자원이 되어주었으며 자신의 공부에 대해서도 주인의식을 갖게 되었다.

뉴텍을 그만두고 몇 년이 지난 뒤 뉴질랜드의 스톤필즈 학교를 방문하였을 때도 비슷한 분위기를 감지하였다. 그곳에서 나는 학습자가 서로의 학습 자원이 되고 자신의 학습에 책임을 지는 문화를 조성하기 위해 노력하는 모습을 관찰할 수 있었다. 이 학교 학생들은 학습 방법(학습 전략), 학습 내용, 향후 계획을 스스로 결정하고 있었다. 그 학생들에게는 "학습에 대한 목소리learning voice"가 있었고, 다른 학생이나 교사와 함께 학습 과정에 적극 참여할 언어와 기술, 기질이 있었다. 그리고 학생들은 실패의 과정을 이야기하면서 실패가 왜 중요한지, 어떻게 하면 이 과정을 성공의 방향으로 이끌 수 있을지 실제로 논의할 능력도 갖추고 있었다. 또한 개선을 위해 어떤 조치를 취할 것인지, 어떤 방법으로 다른 사람을 도울지에 대해서도 스스로 결정할 수 있었다. 이 정도 수준의 재량권은 학습자의 자신감과 역량을 보장하려는 학교 전체 차원의 설계에 의해서만 가능한 일이다.

이번 PART에서는 PBL 수업에서 학생의 자신감을 기르기 위해 교사가 실천할 수 있는 구체적인 활동을 알아보려 한다(PBL 수업을 전제로 한 활동이지만 사실 어떤 수업에서나 활용할 수 있는 것들이다). 그러한 활동을 통해 교사는 학생들이 자신의 학습에 대해 이야기하고 친구들의 학습을 지원하도록 유도하는 매력적인 시공간을 마련할 수 있다. 더불어 교사는 학습자가 자신의 학습을 설명하고 모니터하는 데 필요한 언어를 개발해야 한다. 마지막으로 학생이 의사결정능력을 길러자신의 학습을 개선하고 향상시킬 수 있도록 교사는 다양한 전략을 구사해야 한다. 이러한 실천은 시간이 흐르면서 학생들이 자기 학습의 주인은 물론 서로의 자원이 되도록 움직이게 하여 학습에 획기적인 변화를 가져오는 결과로 이어질 것이다.

자신감의 문화 조성 ——

● 학생들에게 자신의 학습에 대한 결정권을 주는 동시에 다른 사람의 학습을 도울 수 있게 하려면 교사는 "나와 다른 사람들의 학습을 어떻게 증진시킬 것인가?"라는 질문에 주목해야 한다. 이 질문에 답하기 위해서는 다음 네 단계가 필요하다.

1단계 : 모든 학생을 학습에 집중시키는 지침과 절차를 확립한다.

2단계 : 학생들이 자신이 얼마나 발전했고 실력은 어느 정도인지를 판단할 도구를 제공한다.

3단계 : 학생들이 학습 과정에서 실패를 성찰하고 이를 통해 배울 수 있는 환경을 조성한다.

4단계 : 학생들이 학습효과를 높이기 위해 피드백을 교환하고 활용하는 절차를 확립한다.

_1단계 : 모든 학생을 학습에 집중시키는 지침과 절차를 확립한다

"나와 다른 사람들의 학습을 어떻게 증진시킬 것인가?"라는 질문에 답하기 위해서는 먼저 학생과 교사가 존중받고, 학습에 대해 공동의 책임을 지며, 서로 신뢰하며 공부할 수 있도록 교실 내에서 조건을 설정해야 한다. 건강한 공동체에는 그 안에서 기대되는 행동 양식을 분명히 밝히는 명시적인 지침(규범)이 있으며, 대화를 구성하거나 의사 결정을 내리고 문제를 해결할 때 도움을 주는 절차(프로토콜)가 존재한다.

이러한 절차와 지침은 그 학교 고유의 언어와 행동을 형성하는 전략으로 학교의 목표, 즉 자신감과 역량이라는 목표를 지속적으로 강화한다(절차와 지침의 정의는 〈표 5.1〉 참고). 지침은 어떤 집단 내에서 구성원들이 그렇게 행동하기로 합의한 약속이다. 지침(규범)은 투명하고 이해하기 쉬워야 하며, 그 약속을 위반한 구성원에 대한 조치를 취할 때 사용된다. 절차(프로토콜)란 학습을 중시하는 문화에서 어떤 결정을 내릴 때 따라야 하는 구체적인 과정을 말한다(절차와 지침에 대한 구체적인 사례는 〈표 5.2〉 참고).

〈표 5.1〉 절차 및 지침 예시(학습자용)

지침	절차
행위에 대한 합의된 약속	**구체적인 행위 절차**
자신의 의견을 표현할 때에는 반드시 근거를 설명한다.	자신의 수행 결과에 대한 자료를 공유할 때에는 • 1단계 – 자신의 생각을 배제하고 오로지 사실만을 제공한다. • 2단계 – 자료에서 추론할 수 있는 내용과 그 근거를 공유한다. • 3단계 – 다른 사람들에게 확인 질문을 해 달라고 요청한다. • 4단계 – 다른 사람들이 추론한 내용을 확인한다. • 5단계 – 다음에 할 일을 결정한다.

　자신감에 기반한 절차와 지침을 적극 사용하는 문화에서는 구성원들이 어려운 문제를 해결할 가능성이 더 높아진다. 프로젝트를 설계하고 실행할 때, 학생들을 내용의 이해와 학습의 증진에 집중시키는 지침과 절차를 확립하는 일은 정말 중요하다. 지침과 절차가 있으면 학생들은 자신의 수준에 대해 이야기하거나 피드백을 주고받는 등 자신의 생각을 밝힐 때, 그리고 어떤 전략을 사용할지, 공부한 내용을 어떻게 전달할지를 결정할 때 편안한 마음으로 임할 수 있다. 결국 자

신의 학습에 대해 이야기하고 다음에 할 일을 스스로 결정할 수 있도록 학생을 독려하는 것은 궁극적으로 자신의 학습에 대해 온전히 책임지는 수준의 자율성을 부여하는 일이다.

〈표 5.2〉수업 문화 정착을 위한 절차 및 지침 예시

지침	절차
행위에 대한 합의된 약속	**구체적인 행위 절차**
교사와 학생은 • "사람에게는 부드럽되 내용에는 엄격한" 피드백을 주고받는다. • 질문을 통해 잠재적 갈등을 해소하고, 여러 가지 아이디어를 탐구하고, 추측을 검증한다. • 중요한 단어를 설명하고 필요하면 구체적인 사례를 제시한다. • 모든 것을 공유한다.	수업 문화의 정립을 위해 교사와 학생은 다음과 같은 절차를 활용할 수 있다. • 〈프로토콜 2.1〉 문제는? 왜 중요한가? 그렇다면 해결책은? • 〈프로토콜 5.1〉 비평 친구 모임(CFT) • 〈프로토콜 5.2〉 학습 문제 해결 • 〈프로토콜 5.3〉 건설적 듣기 • 전국학교개혁회의(NSRF, National School Reform Faculty)의 프로토콜 '마지막 말은 내가 한다(Save the Last Word for Me: 발언을 독점하는 사람 없이 모든 참가자를 동등하게 참여시키는 토의 기법 – 역자 주)' – 그 외 전국학교개혁회의 홈페이지에 소개된 다양한 프로토콜을 활용할 수 있다.

지침과 절차가 정해지면 교사는 반드시 몸소 실천하는 모범을 보여야 하며, 학급은 물론 학교 차원으로 이루어지는 프로젝트에서도 이를 널리 사용하여 학교의 문화로 정착시키려고 노력해야 한다. 이러한 지침과 절차는 기대되는 행동이 무엇이며, 이를 지키거나 어겼을 때 어떻게 대응해야 하는지를 명시하며, 매 순간 실천된다. 뉴텍 고등학교의

195

교사 앤드류 라슨Andrew Larson은 이를 "매일 매 순간 문화의 동향을 파악해야 한다. 이 일에는 휴식도 멈춤도 없다. 이것이 바로 협력적 문제해결 학습 공동체의 중요한 특징이다."라고 표현한다.

절차와 지침이 만들어지고 학습 환경이 정비되면 학생들은 이제 학습 언어language of learning, 즉 학습에 관해 논의할 때 사용할 수단을 개발한다. 이 학습 언어는 자신의 성장과 실력에 대해 이야기할 때, 학습 과정에서 실패나 정체를 만났을 때, 자신의 발전 과정을 모니터할 때, 자신이 하고 있는 일을 보여줄 때, 학습 방법의 개선을 위해 피드백을 교환하고 활용할 때 사용하게 될 것이다.

중고등학교 과정을 운영하는 우리 학교에 PBL이 도입된 지 8년이 되었습니다. 당시 우리 교육구에서는 아이들에게 실생활의 경험을 제공하면서 21세기 글로벌 시장에서 경쟁력이 될 다양한 역량을 기를 수 있는 교수 모형을 찾고 있었지요. 지금까지의 결과는 PBL이 주 단위 성취도평가에 필요한 요건을 충족시키는 동시에 학생들에게 노동시장에서 요구되는 협업 능력이나 직업의식과 같은 자질을 계발할 기회를 제공할 수 있다는 사실을 확실히 보여주었습니다.

PBL을 중심으로 우리 학교를 설계함에 있어 저는 차별성을 굉장히 중시합니다. 실제로 우리 학교 학생의 13%는 우리 학교의 차별화된 활동을 이유로 다른 교육구에서 우리 학교를 선택한 아이들입니다. 이 학생들은 학교 곳곳에 깃든 분위기를, 학부모는 우리 학교가 제공하는 차별화된 학습 기회를 마음에 들어 합니다.

제가 만약 한 번 더 PBL로 학교를 운영하는 기회를 갖게 된다면, 다르게 해보고 싶은 것이 한 가지 있는데, 그것은 바로 교사들에게 이 교수법을 강요하지 않겠다는 것입니다. 모든 교사가 PBL 모형으로 수업을 해야 한다는 지시를 내렸더니 학생의 학습보다는 다른 일들에 집중하는 비효율적인 상황이 벌어지고 말았습니다. 또 이 교수법으로는 학습 내용을 제대로 가르치지 못하거나, 가르치지 않으려는 교사들이 있다는 것도 알게 되었습니다.

제가 여전히 어려움을 겪고 있는 부분은 팀티칭 수업입니다. 팀티칭을 3년쯤 하고 나면 교사들 사이의 관계에 문제가 생기기 시작합니다. 이런 현상은 제가 전혀 예상하지 못했던 점입니다. 저는 시간이 지날수록 팀티칭에 능숙해지고 서로에 대해 더 잘 알게 되어 더욱 활발한 관계가 될 것으로 생각했습니다. 물론 서로에 대해 더 잘 알게 되기는 합니다. 그런데 이것이 도리어 좌절과 괴로움으로 이어지는 일이 일반적입니다. 저는 이런 일을 방지하는 전략을 모색하는 한편, 일정 기간마다 팀티칭 상대를 바꿔주는 방식으로 교사들의 좌절이나 고통이 한계에 달하지 않도록 애쓰고 있습니다.

이런 제 경험에 비춰 전체 학교 차원으로 PBL을 도입하려는 학교에 드리고 싶은 조언이 몇 가지 있습니다.

먼저, 해당 교육구의 문화가 이런 식의 교수법을 실행할 준비가 되어 있는지 확인해야 합니다. PBL의 성공적인 안착에 가장 중요한 요소가 문화라는 것을 깨달았기 때문입니다.

둘째, 학교 차원의 PBL 도입을 돕는 컨설팅 업체를 선정할 때에는 그 업체에 장시간의 연수와 추수지도follow-up service를 제공할 여력이 있는지 확인해야 합니다. PBL은 아직 교사 양성 과정에 본격적으로 도입되지 않았기 때문에, 이를 이해하고 받아들이는 데에는 많은 노력이 필요하기 때문입니다.

셋째, 학교는 인내심을 가져야 합니다. 교사들이 이 교수법을 완벽하게 실행하는 데에는 시간이 걸릴 것이기 때문입니다. 배우는 과정에서 가끔은 시행착오를 겪을 수도 있고 성찰과 재교육을 위한 시간도 마련되어야 합니다. 이와 같은 '실패할 자유'가 보장되어야 교사들이 탄탄한 프로젝트를 개발할 수 있으며, 이를 통해 학생들도 많은 혜택을 누릴 수 있습니다. PBL 학교를 운영하는 동안 깨달은 점이 한 가지 있다면, 모든 교사가 제대로 된 PBL을 실천하고자 하는 의지나 역량을 갖고 있지는 않다는 사실입니다. 그래서 우리는 교사 전원을 PBL 수업에 투입하지는 않았습니다. 교사들에게 만약 PBL 이외에 다른 강점이 있다면 이 강점을 살리도록 독려하여 우리 학생들에게 최고의 학습 경험을 제공하고 싶기 때문입니다.

고백하자면 우리 학교는 출결이나 졸업률이 원래 높았던 학교이기 때문에 아직까지는 측정 가능한 부분에서 이렇다 할 발전이 있었다고 말하기는 어렵습니다. 하지만 우리 학교를 참관하는 사람들이나 졸업생들에게서 엄청난 피드백을 받고 있습니다. 우리 졸업생들은 다른 학교 출신 친구들에 비해 자신이 인터뷰 같은 특정 영역에서 탁월함을 보이고 있으며, 모둠 프로젝트를 제대로 이끌고 있다는 이야기를 해주었습니다. 또한 우리 학교를 찾는 사람들은 우리 학생들이 얼마나 멋지게 소통하는지에 대해, 얼마나 멋지게 자신의 생각을 표현하는지에 대해 한결같이 감탄하고 칭찬합니다. 이는 이런 분야의 역량을 개발하고 기르는 데 PBL이 어떤 기회를 제공하는지를 직접 보여주는 증거라고 생각합니다.

  - 보비 톰슨(트라이톤 센트럴 중학교 교장)

_2단계 : 학생들이 자신이 얼마나 발전했고 실력은 어느 정도인지를 판단할 도구를 제공한다

학생들이 자신감을 기르려면 자신의 학습 과정을 추적하여 이야기할 때 사용할 수단이 필요하다. 학생들에게 그러한 도구를 마련해주려면 교사는 수업 중 학생들이 자신의 학습 데이터를 공유하고 친구들과 함께 지금까지 해온 일들과 결과에 대해 이야기할 시간을 확보해야 한다. 교사의 전문 학습 공동체와 마찬가지로 학생들에게는 짝이나 조원들을 만나 자신의 실력과 성장을 공유하는 한편, 상대방의 학습 상황을 이해하고 돌아보며 서로의 학습에 기여할 시간이 필요하다.

학습 언어의 정비를 위해서는 스톤필즈 학교에서 사용했던 방법을 참고할 수 있다. 이 학교 학생들은 기초, 심화, 전이 학습 단계를 설명하는 용어를 개발하였다. 내용을 새로 배울 때(기초 단계) 학생들은 이를 "지식을 습득"한다고 표현한다. 점점 심화된 내용으로 들어가 여러 가지 사상을 비교하고 대조하고 있으면(심화 단계) 이는 "의미를 구축"하는 중이다. 마지막으로, 자신이 배운 내용을 다른 상황에 적용하거나 확장하는 능력을 계발하는 일(전이 단계)은 "배운 것을 적용"한다고 표현하였다. 이러한 학습 언어는 이 학교에서 널리 사용되고 있으며 학생들은 계속해서 이런 용어를 사용하여 자신의 학습 수준을 분명하게 이해한다.

〈표 5.3〉 학습 언어 사례

무지 상태	기초	심화	전이
도움 필요	지식 습득	의미 구축	배운 것의 적용
학습목표를 잘 모르거나 혹은 자신이 아는 것과 알아야 할 것 사이의 관계를 분명히 이해하지 못한다.	단일 또는 다수의 사상이나 기능을 습득 중이다.	여러 사상 또는 기능을 서로 연결하는 중이다.	습득한 지식이나 기능을 다양한 상황에 적용하는 중이다.

– 출처 : 훅, 케이스(Hook & Casse, 2013)

〈표 5.4〉 학습 언어 개발 방법

채점기준 개발	교사는 학습 단계별 성공기준을 요약한 구체적인 채점기준을 개발한다. 학습자의 이해를 보여주기 위한 몇 가지 과업이 함께 개발되기도 한다.

매칭 게임	학습자에게 학생의 과제나 작품 세 편을 주고 각 과제가 평가 기준상의 지식 습득, 의미 구축, 적용 단계 중 어디에 해당하는지 맞춰보게 한다.
성장 지도 제시	교사는 성장 과정을 시각화한 상징물(계단과 같은)을 제시한 뒤, 그림상에서 현재 학생들의 위치가 어디쯤인지 보여준다.
학부모 참여 활동	학습자와 학부모가 학교에 나와 기초, 심화, 전이 단계 학습과 관련된 활동에 직접 참여한다. 학습자는 여러 학습 단계에 관해, 그리고 현재 자신의 위치 등에 대해 부모님과 이야기하는 시간을 가진다.

환경이 조성되고 학습 언어가 확립되었다 하더라도 학생들에게는 여전히 자신의 성장과 실력을 설명할 일상적인 도구가 필요하다. 한 가지 가능한 방법은 이상적인 수행 수준을 상세히 기술한 뒤, 그 단계에 도달할 때까지 시기별로 적절한 학습상의 성장 정도를 나타내는 표준 척도를 개발하는 일이다. 가령 기초, 심화, 전이라는 학습 단계와 지식 습득, 의미 구축, 이해의 전이와 같은 학습 언어에 따라 개발된 5단계 척도는 학생과 교사 모두 활용할 수 있다. 또한 학생과 교사 모두 성공의 최저 기준선으로 합의한 수준(예를 들면 '3점 이상이면 성공으로 본다'와 같은)을 지정하는 것이 좋다. 이렇게 하면 교사와 학생 모두가 수행 수준을 분명히 이해할 수 있어 구체적인 맞춤형 지원을 주고받을 수 있기 때문이다.

채점기준표를 사용할 때에는 각 단계별 학습목표에 따른 성공기준만을 기술하되, 프로젝트의 특정 과업이나 문제상황이 진술문에 포함되어서는 안 된다. 문제상황을 배제하면 학습자가 학습목표에서 자신에게 기대하는 것을 더 분명히 이해하게 되며 전이 단계의 활동을 더 쉽게 해낼 수 있다. 또 특정 과업에 관한 내용을 언급하지 않으면 학생들은 자신이 배운 것을 표현하기에 가장 좋은 과업의 형태를 선생님과 함께 결정할 기회(학생의 선택권 보장)를 갖게 된다. 한편 이 기준표는 채점용으로 사용되곤 하는데, 이때 등급 사이에 중간 점수가 있는 4점 척도를 이용하면 실력의 변화를 평가하는 데 더 효과적이다. 〈표 5.6〉은 〈표 5.5〉의 양식에 채점 계획을 결합한 형태이다. 학습목표와 성공기준에 따른 평가 척도의 예시는 〈표 5.7〉과 〈표 5.8〉에 각각 제시하였다.

〈표 5.5〉 채점기준 예시

- 0~1점 : 도움 필요 _ 학습목표를 정확히 이해하지 못하며, 교사나 친구들이 도와주더라도 기초 단계의 학습목표를 달성하지 못한다.

- 2점 : 지식 또는 기능의 습득(기초) _ 단일 사실 또는 사상을 식별하거나 설명할 수 있다. 서로 관련 있는 몇 가지 요인이나 사상, 기능을 나열하거나 설명할 수는 있으나 그들 사이의 연관성은 알지 못한다.

- 3점 : 의미 구축 또는 기능의 연결(심화) _ 몇 가지 관련 사실이나 기능을 연결하고 관련지을 수 있다.

- 4점 : 지식이나 기능의 적용(전이) _ 서로 관련 있는 지식이나 기능을 다른 개념이나 이론, 혹은 상황에 적용할 수 있다.

성공기준	점수
전이 배운 내용의 적용	• 전이 단계의 학습목표를 달성하였다. • 전이 단계의 학습목표를 일부 달성하였다.
심화 의미 구축	• 심화 단계의 학습목표를 달성하였다. • 심화 단계의 학습목표를 일부 달성하였다.
기초 지식 습득	• 기초 단계의 학습목표를 달성하였다. • 기초 단계의 학습목표를 일부 달성하였다.
도움 필요	• 교사의 지원을 받아 기초 단계 및 관련 학습목표를 달성하였다. • 교사의 지원을 받아 기초 단계의 학습목표를 달성하였다. • 교사의 지원이 있어도 기초 단계의 학습목표를 달성하지 못했다.

〈표 5.6〉 채점용 평가 척도 예시

성공기준	점수	
전이 배운 내용의 적용	4.0	전이 단계의 학습목표를 달성하였다.
	3.5	전이 단계의 학습목표를 일부 달성하였다.
심화 의미 구축	3.0	심화 단계의 학습목표를 달성하였다.
	2.5	심화 단계의 학습목표를 일부 달성하였다.
기초 지식 습득	2.0	기초 단계의 학습목표를 달성하였다.
	1.5	기초 단계의 학습목표를 일부 달성하였다.
도움 필요	1.0	교사의 지원을 받아 기초 단계 및 관련 학습목표를 달성하였다.
	0.5	교사의 지원을 받아 기초 단계의 학습목표를 달성하였다.
	0.0	교사의 지원이 있어도 기초 단계의 학습목표를 달성하지 못했다.

〈표 5.7〉 국어과 채점기준표 예시

- **관련 성취기준** : 해당 학년 수준의 주제, 텍스트, 쟁점에 관해 다양한 형태의 협력적 토의(짝, 모둠, 교사 주도 등)를 시작하고 효과적으로 참여하여 다른 사람의 생각에 반응하고 자신의 생각을 분명하고 설득력 있게 표현할 수 있다.

성공기준		점수	
전이 배운 내용의 적용	4.0	다양한 상황에서 여러 가지 대화 전략(conversational strategies)을 구사할 수 있다.	
	3.5	여러 가지 대화 전략을 구사할 수는 있으나 어떤 상황에서는 어려움을 겪는다.	
심화 의미 구축	3.0	다른 사람과의 소통을 위한 준비 전략, 참여 전략, 독려 전략을 서로 연계하여 이해한다.	
	2.5	여러 가지 대화 전략을 이해하고 이들 전략을 서로 연결하기 위해 노력한다.	
기초 지식 습득	2.0	• 깊이 있고 논리 정연한 토론을 위해 관련 주제나 쟁점에 관한 글이나 기타 연구 문헌에서 찾은 근거를 이용할 수 있다. • 논증과 근거를 요구하는 질문에 응대할 수 있다. • 다양한 관점에 사려 깊게 반응하여 더 많은 이야기를 이끌어낼 수 있다.	
	1.5	교사의 도움이나 유도가 있어야 자료에 소개된 다양한 대화 전략을 구사할 수 있다. 협업 전략의 사용에 있어서는 여전히 노력이 필요하다.	
도움 필요	1.0	교사의 도움이 있어야 지식 습득 수준의 성공기준을 달성한다.	
	0.5	지식 습득 수준의 성공기준을 달성하기 위해서는 교사에게서 상당한 도움을 받아야 한다.	
	0.0	학습목표와 성공기준을 이해하는 데 여전히 어려움을 겪고 있다.	

성공기준	점수
• 전이 : 단백질 생성에 영향을 미치는 다양한 요인에 관한 지식을 다양한 상황에 적용할 수 있다.	3.5~4.0
• 심화 : 전사(transcription)와 번역(translation)이 어떤 관계를 맺으며 단백질 생성에 관여하는지 이해한다.	2.5~3.0
• 기초 : 전사, 번역, RNA, DNA의 정의를 알고 이들 개념이 단백질 생성에 관여하고 있음을 이해한다.	1.5~2.0
• 교사의 지원 필요	0.0~1.0

채점기준 등을 통해 학생 수행 수준의 범위를 결정하는 일도 중요하지만, 일정 기간 일어난 학습자의 성장을 통해 학습자의 발전 정도를 파악하고, 그동안 사용된 교수 전략과 학습 전략이 얼마나 효과가 있었는지를 판단하는 일 또한 대단히 중요하다. 폴 바튼(Paul Barton, 2006)은 "궁극적인 목표는 특정 과목에서 한 학년 동안 우리가 기대하는 성장의 기준량, 즉 성장 기준에 도달하는 데 있어야 한다"고 말한다. 이 성장 기준growth standard은 존 하티의 효과크기 연구를 비롯하여 국제읽기능력평가PIRLS, 국제학업성취도평가PISA, 국제수학 · 과학성취도평가TIMSS, 미국 전국교육성취도평가NAEP, 호주 전국학업성취도평가NAPLAN 등 오랜 기간 축적된 데이터베이스를 통해 꾸준히 발전되어온 개념이다.

앞서 설명했듯이, 하티의 연구 결과에 따르면 학업성취도에 영향을 미치는 모든 변인들의 평균 효과값은 0.4이다. 하티(2012)는 다음과 같이 주장한다.

기준점을 효과크기 d=0.0으로 설정하는 것은 지나치게 낮다 못해 위험할 정도다. 좀 더 분명히 구분할 필요가 있다. 어떤 교수 행위가 효과가 있다는 판단을 내리기 위해서는 학생의 학습에 있어서 적어도 평균 이상의 발전이 있었음을 보여주어야 한다. 즉, 효과크기가 최소한 0.4는 되어야 한다는 말이다. 이 0.4가 바로 효과의 유무를 판단하는 기준점hinge-point이다.

어떤 평가 시스템이 학생의 발전 정도를 보여주는 성장 기준의 역할을 하기 위해서는 지식이나 기능의 평균 증가분 또한 고려되어야 한다. 로버트 마르자노와 티모시 워터스Timothy Waters는 가령 "우리 교육구에서는 학생 전원이 읽기, 쓰기, 수학의 특정 내용에서 분기마다 반드시 최소한 0.5점은 향상되어야 한다는 목표를 설정할 수 있다."고 제안한다(2009). 예를 들어 어떤 교사 모임에서 0.5점 단위로 높아지는 성장 기준 척도를 개발했다고 하자. 프로젝트를 시작할 당시 학생들의 점수가 2.0이었는데 프로젝트 종료 시, 또는 끝나갈 무렵 실시한 평가에서 3.5점을 받았다면 1.5점만큼 성장한 셈이다. 만약 그 교사 모임에서 설정한 목표가 분기별 0.5점 이상이라면, 학생들이 제대로 공부하고 있다고 판단해도 무방하다.

학습 단계마다 표준 성장 및 성과를 사용하게 되면 평가 방법을 선정하여 실시한다든지 학습목표의 범위와 순서를 결정할 때, 그리고 프로젝트의 기간이나 문제상황을 결정할 때 교사나 학생 모두 상당한 융통성을 발휘할 수 있다. 이렇게 되면 엄격한 진도표라든지 교사들의 단원별 합의의 필요성이나 욕구가 줄어든다. 이런 점은 PBL 교실에서 대단히 중요한데, 프로젝트는 기간이나 문제상황, 21세기 역량 관련 목표, 교과별 접근 철학에 따른 전체 수업의 범위와 순서 등이 매우 다양하기 때문이다. 게다가 과목 통합형 프로젝트의 경우에는 통합된 과목에 대한 접근법도 각기 다르다.

학습목표에 따른 성공기준을 바탕으로 제작된 평가 도구(채점기준표 등)는 특정 과제나 문제상황 중심으로 제작된 평가 도구와 달리, 어느 학교, 어떤 프로젝트에서나 사용할 수 있다. 즉, 프로젝트나 과제, 평가는 각기 다르지만 동일한 채점기준표로 학습목표와 성공기준에 대한 학생의 성장과 실력을 정확하게 측정할 수 있다는 뜻이다. 더구나 이런 방식으로 학생들은 과업이나 문제상황에 구애받지 않고 학습 성과를 표현할 방식을 스스로 결정할 기회를 갖게 된다(Marzano, 2009). 학생에게 익숙한 학습 언어로 작성된 채점기준표를 통해 학생들은 자신의 학습 성과를 어떤 방식으로 표현할지, 그리고 다음에 무엇을 할지 스스로 결정할 수 있으며, 배운 것을 다양한 상황에 적용하는 방안을 검토할 기회를 갖게 되는데, 이것이 바로 진정한 의미의 학생의 의사와 선택권 발휘라 할 수 있다.

학습 데이터를 효과적으로 검토하여 이에 적절히 대응하기 위해서는 아래와 같은 참조 틀이 필요하다. 〈표 5.9〉는 학습자의 성장과 실력 수준을 시각적으로 표현한 것이다. 각 사분면에 대한 상세한 설명은 〈표 5.10〉을 참고하기 바란다.

〈표 5.9〉 성장과 실력의 수준

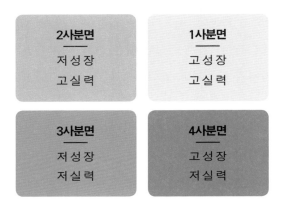

2사분면	1사분면
저 성 장	고 성 장
고 실 력	고 실 력
3사분면	4사분면
저 성 장	고 성 장
저 실 력	저 실 력

〈표 5.10〉 학생의 성장과 실력

성공기준	저 성장 (0.5 미만 성장함)	고 성장 (0.5 이상 성장함)
능숙함 (심화-전이) 2.5~4.0	2사분면 • 수업 방법의 변화 • 학습 전략의 변경 • 피드백의 종류 검토	1사분면 • 성공 축하 • 다른 목표 설정 • 효과가 있었던 교수 전략 및 학습 전략에 대한 성찰 • 피드백의 종류에 대한 성찰
아직 능숙하지 못함 (기초-심화) 0.0~2.25	3사분면 • 수업 방법의 변화 • 학습 전략의 변경 • 피드백의 종류 검토	4사분면 • 추가 시간 확보 및 성공 축하 • 효과가 있었던 교수 전략 및 학습 전략에 대한 성찰

_ 1사분면 : 성장과 실력이 모두 높은 상태

1사분면에 위치한 학생들은 핵심 목표에 도달하였으며 학습 과정 전반에 걸쳐 상당한 발전을 보여주었다. 이 수행 범주는 학생들을 숙달 수준까지 끌어올리는 데 성공적이었던 전략이 무엇이었는지 잘 보여준다. 이제 교사와 학생들은 실력을 더욱 발전시키기 위한 다른 목표나 도전 과제를 찾아봐야 한다.

_ 2사분면 : 큰 성장은 없었으나 실력이 높은 상태

2사분면에 있는 학생들은 실력은 있으나 학습상의 별다른 변화는 보이지 않는다. 3사분면과 마찬가지로 3.0~4.0 수준에서는 학습에 도움이 되는 교수 전략, 학습 전략, 피드백 전략을 점검하여 강화할 필요가 있다. 2.5~3.0 수준에서 유용한 교수 전략으로는 내용 점검(시범, 요약), 지식의 사용과 심화(관점 분석), 유사점과 차이점 검토(벤 다이어그램), 논증의 오류 점검(논리적 오류와 틀린 정보 파악) 등이 있다. 3.5~4.0 단계의 실력 향상 전략으로는 학생의 구성(협동학습), 참여(문제해결), 자원과 지도의 제공 등이 있다.

_ 3사분면 : 성장과 실력이 모두 낮은 상태

3사분면의 학생들은 실력도 낮으며 사전에 계획했던 성장 목표치에도 이르지 못하였다. 이 영역에서는 교수 전략, 피드백 전략, 학습 전략을 모두 보완해야 한다. 0.0~2.0 수준에서는 높은 성장을 이끌어낼 교수법이 필요하다. 이런 전략들은 중요한 정보(예 : 눈에 보이는 동작, 어조, 제스처, 몸의 위치 등)를 파악하거나 학생들이 새로 접한 지식과 상호작용을 할 수 있도록 학생들을 조직할 때(예 : 집단 규범, 직소), 새 내용을 미리 접하는 데(예 : 훑어 읽기, 명시적 연계) 도움을 주는 것들이다(Marzano, 2007). 또 내용 분할(가르칠 내용을 적절한 분량으로 나누어 제시하는 것), 정교화 질문, 기록 및 표현(예 : 도식조직자 등), 성찰 활동을 위한 전략도 있다. 교수법 이외에 내용이나 일상적 교수 행위에도 관심을 가질 수 있다. 학습목표를 명확히 밝히고 성장 정도를 점검하거나 피드백을 제공하는 일과 같은 형성적 평가 활동을 활용한다든지 절차와 규칙, 교실 공간의 배치 등 수업 분위기를 조성하고 유지하는 일이 바로 그런 것들이다. 그 외에 수업의 규칙과 절차를 준수하겠다는 약속, 좋은 관계의 형성과 유지, 높은 목표와 기대치의 전달과 같은 학생의 참여를 높이는 전략 역시 학습에서 성장을 더욱 이끌어내기 위해 고려해볼 수 있다(Marzano, 2007).

_4사분면 : 많은 성장이 있었으나 실력은 낮은 상태

이 영역의 학생들은 성장 기대치는 달성하였으나 실력은 충분히 갖추지 못한 상태이다. 이 수행 범주를 위해서는 추가적인 학습 시간과 지도가 필요해보이며, 동시에 향후 사용할 수 있도록 해당 교실과 학교에서 그동안 성공적이었던 교수 전략을 기록해둘 필요가 있다. 이런 활동은 학생에게는 학습 전략의 효과를 돌아볼 기회를, 교사에게는 자신이 제공했던 피드백의 효능을 점검할 좋은 기회가 된다.

학생의 발전 정도와 현재 실력을 이해하게 되면 교사와 학생 모두 이에 효과적으로 대처할 수 있다. 예를 들어 4점 척도에 따라 실력의 범주와 성장률이 결정된 사전 및 사후 평가를 실시하였다고 가정해 보자. 〈표 5.11〉은 특정 학습목표에 대한 학생 28명의 수행 결과를 나타낸 것이다. 〈표 5.12〉는 각 학생의 실력과 함께 그 집단과 개별 학생의 효과크기(즉, 일정 기간 동안 성장 정도를 측정하는 수단)를 보여준다. 〈표 5.10〉을 보면 실력의 범위(0.0~1.5 - 아직 능숙하지 못한 상태, 2.0~4.0 - 능숙한 수준)와 성장의 기준(0.4 - 기준점)에 의거하여 학생이 어떤 사분면에 속하는지를 알 수 있다. 이 자료를 바탕으로 교사와 학생은 학습효과를 높이기 위해 다음에 무엇을 해야 할지를 다른 사람들과 함께, 또 스스로 파악할 수 있다.

〈표 5.11〉 학생 성취도평가 사전-사후 결과 비교

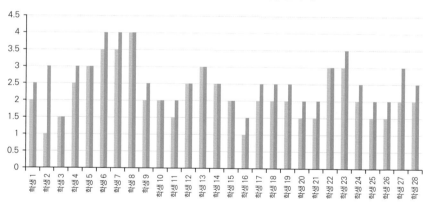

– 출처 : 린 크리스토퍼슨(Lynn Christofferson), 2014, 타말파이어스 고교 교육구, 라크스커, 캘리포니아

	사전 평가	사후 평가	차이	표준편차 (평균)	집단 효과 크기	개인 효과 크기
평균값	2.18	2.57				
차이			0.39			
표준편차	0.77	0.72				
평균 표준편차				0.74		
효과크기					0.528	
학생 1	2	2.5				0.68
학생 2	1	3				2.70
학생 3	1.5	1.5				0.00
학생 4	2.5	3				0.68
학생 5	3	3				0.00
학생 6	3.5	4				0.68
학생 7	3.5	4				0.68
학생 8	4	4				0.00
학생 9	2	2.5				0.68
학생 10	2	2				0.00
학생 11	1.5	2				0.68
학생 12	2.5	2.5				0.00
학생 13	3	3				0.00
학생 14	2.5	2.5				0.00
학생 15	2	2				0.00
학생 16	1	1.5				0.68
학생 17	1.5	1.5				0.00
학생 18	2	2.5				0.68
학생 19	2	2.5				0.68
학생 20	1.5	2				0.68
학생 21	1.5	2				0.68
학생 22	3	3				0.00
학생 23	3	3.5				0.68
학생 24	2	2.5				0.68
학생 25	1.5	2				0.68
학생 26	1.5	2				0.68
학생 27	2	3				1.35
학생 28	2	2.5				0.68

– 출처 : 린 크리스토퍼슨(Lynn Christofferson), 2014, 타말파이어스 고교 교육구, 라크스커, 캘리포니아

성장과 실력에 대한 자료를 활용하여 학습자의 성취도를 파악하는 일은 교사와 학생이 수행 수준을 이해하여 교수와 학습의 다음 단계를 파악하는 데 중요하다. 학습자의 수행 수준을 앎으로써 교사는 그들에게 필요한 교수적 개입을 할 수 있으며 현재 교수 행위의 효과를 평가하고 개인과 집단의 노력을 동원하여 자신의 수업을 개선할 수 있다. 또 학습자는 자신의 학습 전략을 돌아보고 더 나아지기 위해 다음에 무엇을 해야 할지를 파악할 수 있다. 학생들에게는 또한 채점기준표에 기술된 성공기준과 일치하는 여러 학습 단계를 표현할 언어가 있다. 이 정도 수준의 연계는 학생들이 자신의 성장과 실력을 논하는 데 도움이 된다. 〈표 5.13〉에는 학생들이 자신의 학습에 대해 이야기하고 점검할 수 있도록 도움을 주는 몇 가지 전략이 소개되어 있다.

〈표 5.13〉 성장의 점검 및 토론을 위한 학습자 지원 방안

구글시트 활용	각 학생에게 성취기준 목록, 관련 채점기준표, 메모할 공간으로 구성된 구글 스프레드시트를 제공한다. 교사는 학생이 기록하는 내용을 모두 볼 수 있다. 학생을 만나 그 내용에 관해 이야기를 나누고 함께 다음에 할 일을 결정한다.
증거 제공	학생들은 서너 명이 한 조가 되어 채점기준표와 대조하여 자신의 성취 수준을 보여주는 증거(학습 결과물)를 서로 보여준다. 한 명씩 돌아가며 이 과제가 무엇인지 설명하고 왜 이것이 해당 수준의 실력을 보여주는지 설명한다. 그러면 나머지 조원들은 발표자가 자신의 성취 수준에 대해 더욱 깊이 생각해볼 수 있는 질문들을 던진다. 활동이 끝나면 교사는 각 모둠에서 제기된 주요 질문이 무엇인지 묻고, 이를 활용하여 수업과 학습을 위해 다음에 무엇을 해야 할지 파악한다.
매칭 게임	학생들은 어떤 학생이 완성한 세 가지 학습 결과물을 받은 다음 각각의 결과물이 채점기준표에 기술된 기초, 심화, 전이 단계의 성공기준에 부합하는지 그렇지 않은지 판단해야 한다.

실력 및 성장 관련 데이터 분석의 궁극적인 목적은 교사와 학생 모두에게 학습이나 수업을 위해 필요한 다음 단계를 결정하기 위한 정보를 제공하는 데 있다. 이때 학생들의 대화가 온전히 학습에 집중되도록 이끄는 데 교사의 역할이 대단히 중요하다. 안타깝게도 연구 결과를 보면 PBL 환경의 교사와 학생들이 이런 대화에 능숙하지 못한 경우가 많다. 특히 피드백을 주고받다가 의견의 불일치가 발생하는 경우에는 더욱 그렇다(McDowell, 2009).

테레사 오초아와 제니퍼 메타 로빈슨(Theresa Ochoa, Jennifer Meta Robinson, 2005)은 PBL 환경에서 "논증이나 협상, 성찰의 부족으로 인해 검증되지 않은 생각을 쉽게 수용하는 일은 여전히 문제"라고 주장한다. 뿐만 아니라 오초아 등(2001)은 모둠에서 건설적인 의견 협상이 일어나지 않으며, 설사 그런 일이 일어난다고 해도 합의를 도출하는 일은 거의 찾아보기 어렵다고 밝히기도 하였다. PBL을 제대로 이해한다고 인정받는 교사들조차도 실제로 필요한 대화를 이끌어내지 못하거나, 학습과 관련된 문제를 충분히 도와주지는 못하였다(McDowell, 2009). 그러나 앞서 소개했던 절차와 지침을 활용하고, 학습자가 학습 언어를 개발할 도구를 제공하며, 성장과 실력에 대한 공통된 개념을 설정하고 학습목표와 성공기준에 부합하는 도구를 활용하면 학생들의 대화는 더욱 강력한 힘을 갖게 될 것이다.

_ 3단계 : 학생들이 학습 과정에서 실패를 성찰하고 이를 통해 배울
수 있는 환경을 조성한다

학생들이 학습에 대한 자신감을 키울 수 있도록 교사는 학생들이
실패를 돌아보고 이에 대해 이야기하면서 실패를 통해 배우는 환경을
조성해야 한다. 기초, 심화, 전이의 각 단계마다 내용 이해에 어려움을
겪을 때, 학생들은 이러한 경험을 자연스럽고 긍정적으로 표현할 수
있어야 한다. 교사는 앞서 소개한 학습 언어로 학습이 얼마나 비선형
적인 과정으로 진행되는 경우가 많은지를 학생과 이야기할 수 있다.
스톤필즈 학교에 재학 중인 한 학생은 학습 과정을 "종잡을 수 없다"
고 묘사하면서, 어떤 내용을 더 정확히 이해하기 위해서는 기초 단계
에서 배운 핵심 개념으로 다시 돌아가 복습해야 하는 경우가 많다고
하였다. 이런 과정이 학습의 자연스러운 일부라는 점을 이해하게 되
면 다른 사람들에게 자신의 학습 수준을 털어놓는 것도, 공부하다 막
혔을 때 이를 인정하는 일도 더욱 쉬워진다.

실패라는 개념을 전달하는 한 가지 방법으로 "배움의 시련learning
challenge"이 있다(〈표 5.14〉 참고). 스톤필즈의 학습자들은 "배움의 구덩
이learning pit"라는 용어를 써서 공부할 때 헷갈리거나 막히는 지점을
묘사하였다. 학습 언어와 같은 도구는 학습자가 자원을 탐색하고 피
드백을 받으며 자신의 학습을 성찰하고 자신의 학습 관련 데이터를
검토하여 왜 막혔는지 분명하게 이해하고 앞으로 나아갈 수 있게 해
준다. 배움의 시련은 제임스 노팅험(2010)이 만든 개념으로, 학습자
가 인지 부조화 상태에 빠지게 되면 그러한 혼동 상태(즉, 구덩이)에서

<표 5.14> 배움의 시련

- 개념 _ 여러분이 대략적으로 알고 있는 개념 중 탐구해볼 가치가 있는 한 가지를 정하세요.

- 질문 _ 그 개념이 가진 문제와 다양한 뉘앙스, 예외를 찾아봅니다. 다른 개념과 비교해보거나 이 개념이 항상 적용되는지 생각해보면 알 수 있습니다. 아니면 모든 경우에 적용되는 정의(definition)를 찾아볼 수도 있습니다.

- 인지적 갈등 _ 이 개념에 대한 여러 가지 사례와 예외를 찾아내어 이 개념이 얼마나 복잡한지를 깨달았다면, 여러분은 바로 "구덩이" 안에 들어온 겁니다. 여기서 비로소 딥 러닝이 시작됩니다.

- 구축 _ 지금까지 알아낸 모든 것들의 경향성과 관계, 의미를 파악합니다. 정리, 분류, 또는 서열화 등을 통해 서로 구별합니다. 여러분이 조사한 내용으로 해당 개념을 더욱 정확히 이해합니다.

- 심사숙고 _ 배움의 여정을 돌아보세요. 어떤 전략이 가장 효과적이었나요? 다음 번에 다르게 해보고 싶은 것은 무엇인가요? 새로 배운 것을 다른 상황에 어떻게 적용할 수 있을까요?

- 유레카! _ 여러분은 해냈습니다! 이 단계에서 느끼는 깨우침과 발견의 기분이 바로 배움의 희열입니다. 이 기쁨이야말로 배움의 여정을 그토록 가치 있게 만드는 것이지요. 축하합니다!

빠져나가기 위해서 자원이나 피드백, 직접적인 지도를 구해야 한다는 것을 잘 보여준다.

'구덩이'는 학습에 굉장히 중요하며 PBL에서도 중요한 역할을 한다. 예를 들면, 프로젝트 개시 기간 중에 학습자는 도입활동을 통해 프로젝트의 시나리오와 탐구질문, 구체적인 과업과 기본 내용, 그리고 학습목표를 제공받는다. 이 시간에 교사는 학습자에게 해당 프로젝트와 관련된 사전 지식을 파악하게 하고, 프로젝트에 관한 질문(즉, 알아야 할 것)을 적어보게 한다. 아울러 사전 평가를 실시하여 학생들이 이미 알고 있는 것과 학습목표의 달성을 위해 배워야 하는 것을 더욱 정확히 이해하도록 한다. 학급 전체의 배움 구덩이를 그려서 학생들이 느끼는 격차를 보여줄 수도 있다. 시간이 흐르면서 학생들은 기초 단계의 "알아야 할" 질문에 답을 해가면서 이 구덩이에서 빠져나왔다가 더 복잡한 학습목표로 옮겨감에 따라 다시 구덩이 속으로 들어가기를 반복한다(〈활동 4-4. '아는 것/알아야 할 것' 목록 분석〉 참고).

〈표 5.15〉"배움의 구덩이"를 활용한 활동

학생들은 다음 질문에 대해 생각해본다.

- 기초 단계 : 학습목표를 달성하기 위한 기초 지식을 이해하는 데에는 어떤 학습 전략들이 도움이 될 것인가?
- 심화 단계 : 여러 사상을 연관 지어 비교하고 대조하는 데에는 어떤 전략들이 도움이 될 것인가? 이들 사상에서 이끌어낼 수 있는 일반화나 원리는 무엇인가?
- 전이 단계 : 지금까지 배운 것을 프로젝트에 적용하는 데 도움이 되는 학습 전략들은 무엇인가?

신호 보내기	'구덩이'에 들어온 학습자는 녹색 컵을 들어 이를 알리고 '구덩이'에 들어가기 직전의 빨간색 컵을 들고 있는 다른 학습자를 찾아 이해가 잘 되지 않는 것들에 대해 이야기를 나눈다. 두 학습자는 학습의 종착지는 어디이며, 현재 자신의 위치는 어디인지, 그리고 '구덩이'에 들어가기 전 자신에게 도움이 되었던 활동들을 파악하는 등 '구덩이'에서 빠져나갈 계획을 함께 세운다. 그다음 함께 해결책을 생각해낸다. 즉, 워크숍이나 시범을 요청한다든지, 필요한 정보를 가지고 있는 다른 학습자를 찾아보는 일 등이 이에 해당한다.
어항	모든 학습자가 '구덩이'를 경험하지만 이에 대한 공개적인 토의나 공유 과정은 없는 경우가 많다. '어항'은 이러한 '구덩이'를 공론화하는 활동이다. 먼저 교실 중앙에 의자 다섯 개를 마주보는 원 모양으로 배치하여 '어항'을 만들고, 학생들은 '어항'을 중심으로 서로 마주보고 큰 원을 만들어 선다. 그런 다음 교사는 학생 세 명과 의자에 앉아 토의를 시작한다. 서 있는 학생들 중 토의에 참가하고 싶은 학생이 있다면 언제든지 들어올 수 있도록 의자 하나는 항상 비워둔다. 만약 누군가가 빈 의자에 앉으면 나머지 네 명 중 한 명은 반드시 일어나서 나가야 한다(맨 처음엔 보통 교사가 나간다). 즉, '어항'에서 토의에 참여하는 사람은 항상 네 명이며 의자 하나는 비워둔다. 토의에서는 다음과 같은 질문이 활용된다. • '구덩이'에 들어가 있을 때의 기분은 어떠한가? • '구덩이'에서 어떻게 빠져나왔는가? • 불편함이 어떻게 편안해지기 시작하는가? • '구덩이'에 들어가도록 촉진시키는 교실 환경은 어떤 것인가? • 학습자가 '구덩이'에 들고 나는 데 도움이 되는 최고의 전략은 어떤 것들인가? • '구덩이'에 들어가지 않으면 어떤 일이 일어나는가? 자신의 학습에 무슨 일이 생기는가? 토의 참여 여부는 학생들 스스로 결정하기도 하고, 더 많은 학생이 참여하도록 교사가 상자 속에서 무작위로 학생 이름을 뽑아 지목하기도 한다. 또 "교체"라고 외쳐서 '어항' 속 구성원 중 한 명을 교체할 시기를 알려주기도 한다. 이때 '어항'에서 나갈 사람의 어깨를 살짝 쳐서 귀띔을 준다.

학습자 스스로 구덩이를 빠져나가는 방법 중 하나가 바로 학습 전략을 스스로 고르고 모니터하는 일이다(〈표 5.15〉 참고). 교사가 가장 좋은 수업 전략을 파악하듯이 학생 역시 기초, 심화, 전이의 각 단계에 맞는 최적의 학습 전략을 알아내는 것이다. 자신의 현재 수행 수준을 돌아보게 하는 것, 현재 겪고 있는 학습상의 어려움을 다른 사람들과 공유하는 일, 학습에 도움이 되는 전략을 파악하는 일은 모두 자신감 함양에 필요한 성장형 사고방식, 평가 능력, 협업 능력의 계발에 도움이 된다.

_ 4단계 : 학생들이 학습효과를 높이기 위해 피드백을 교환하고 활용하는 절차를 확립한다

앞서 PART4에서 살펴보았듯이, 피드백은 학생의 이해 수준(기초, 심화, 전이)에 맞춰 이루어질 때 가장 효과가 있다. 학생과 교사가 학습에 대해 토의할 수 있는 지침과 절차가 이미 정착되어 있고, 학습을 진단하고 이를 논할 때 사용할 학습 언어와 도구가 있으며, 실패의 중요성을 논하기 위한 공동 신념과 절차가 존재하는 경우에는 교사와 학생 모두 학생들의 요구에 맞춰 피드백을 제공할 수 있으며 학생들이 그 피드백을 받아들여 발전할 가능성 또한 높다. 뿐만 아니라 학생들이 서로에게 정확한 피드백을 제공할 확률도 커진다.

PART1에서 소개했던 뉴질랜드 오클랜드의 맹거리 브릿지 학교에서는 학생들이 학습 데이터 분석팀에 직접 참여하여 자신의 실력을 검토한다. 이러한 토의에서 학생들은 교사 및 친구들로부터 피드백을 받아 자신의 수행을 돌아보며 이를 개선하기 위해 어떤 조치들이 필요한지를 이야기한다. 〈표 5.16〉에는 교사와 학생이 피드백을 주고받는 능력을 계발하는 데 도움이 되는 전략이 제시되어 있다.

〈표 5.16〉 피드백 교환 전략

깊이 파고들기	2인 1조로 모둠을 만든다. 1. '가' 학생은 '나' 학생에게 자신의 현재 상태를 이야기한다. 2. 그러면 '나' 학생은 '가' 학생의 이야기를 자신의 말로 바꿔 이야기하고 현재 자기들이 기초, 심화, 전이 중 어느 단계에 있는지를 암시한다. 3. '나' 학생은 바람직한 단계로 올라가기 위한 제안을 한다. 4. 역할을 바꿔서 1번부터 3번을 한 번 더 반복한다. 5. 학생들은 이를 통해 파악한 내용을 교사에게 보고한다.
비평 친구 모임	〈활동 5-2〉와 〈프로토콜 5.1〉 참고
학습 문제 해결	〈활동 5-2〉와 〈프로토콜 5.2〉 참고

● ● ●

PBL 교실에 일어나야 하는 한 가지 중요한 변화는 학습자가 성장형 사고방식, 평가 능력, 협업 능력을 기를 지식과 기능을 계발하도록 돕는 올바른 문화를 정착시키는 일이다. 이는 구체적인 지침과 절차를 통해 적절한 환경을 조성하는 일을 비롯하여, 학생이 자신의 이야기를 할 수 있게 하는 학습 언어와 학습 과정을 모니터할 수단 등을 마련하는 등의 구체적인 실천을 통해 이루어진다. 학습에 오롯이 집중하는 환경이 조성되지 않으면 학습자가 성장형 사고방식을 실천하고 성장 지향 행동을 구현하는 일도, 평가 능력을 갖춘 학습자가 되기 위한 여러 기술을 개발하는 일도, 또 협력을 통해 평가 능력을 갖춘 학습 공동체를 이룩하는 일도 대단히 어려워진다.

🏛 생각해볼 문제

- 자신이 하는 수업의 효과를 어떻게 알아내고 있는가? 학생들은 자신의 발전을 어떻게 아는가? 학생들에게 학습 언어가 있는가?

- 평가 능력의 중요성을 수업 중 어떻게 몸소 보여줄 수 있겠는가? 어떤 지침과 절차가 교사에게 도움이 되겠는가?

- PART5를 읽고 난 뒤 학생의 의사와 선택권에 대한 생각이 어떻게 바뀌었는가?

- 성장(진보)과 실력을 측정하기 위해 어떤 도구를 제공하고 사용하는가? 여러분과 여러분의 학생은 수업의 효과를 정확히 알고 있는가? 0.4라는 효과크기를 어떻게 보장하고 있는가?

- 학생들이 실패를 학습의 중요한 일부로 여기도록 어떤 환경을 조성하였는가? 여러분의 교수 전략 및 피드백 전략, 평가 전략 안에 실패의 중요성은 어떻게 반영되어 있는가?

- 학생의 학습을 증진시키기 위해 맞춤형 피드백을 어떻게 제공하는가? 적절한 피드백을 제공하거나 친구에게 받은 피드백을 활용하는 학생들의 능력을 어떻게 계발시키는가?

📚 활동하기

활동 5-1. 네 수업의 효과를 알라

〈표 5.9〉와 〈표 5.10〉을 참고하여 〈표 5.11〉과 〈표 5.12〉의 자료 속 학생들을 사분면으로 분류해본 뒤 아래 질문에 답해보자.

- 각 사분면의 학생들에게 어떤 수업과 피드백을 제공하겠는가?
- 학생들이 자신의 성장과 실력을 이해하고 다음에 할 일을 결정하는 과정을 어떻게 지원할 것인가?

이 자료 분석에 익숙해지면, 자기의 수업 전/후 자료를 수집하여 위와 같은 과정을 밟아보자. 시간이 지나면서 학생들이 자신의 자료를 분석하는 과정에 참여하여 다음에 할 일을 결정하게 한다면, PART5에서 설명한 학습 문화를 촉진시키는 데 엄청난 효과를 기대할 수 있다.

활동 5-2. 피드백 프로토콜 3가지

다음 프로토콜 중 하나를 골라 학생들에게서 여러분이 실시한 프로젝트에 대한 피드백을 이끌어낸다. 그런 다음, 이러한 피드백에서 무엇을 배웠으며 이렇게 받은 피드백을 프로젝트에 실제로 반영한 부분이 있다면 어떤 부분인지를 학생들에게 알려준다. 마지막으로, 학생들이 자신의 프로젝트 활동에서 이 프로토콜을 서로 사용해보게 한다.

프로토콜 5.1 – 비평 친구 모임(CFT)

이 절차는 학생 및 교육자에게 산출물에 대한 구체적인 피드백을 제공하기 위한 것이다.

소요 시간 : 45분

개회(도입) (5분)

- 프로토콜의 목적 검토
- 모둠의 지침 및 규범 검토
- 발표자, 진행자 선정
- 평가할 산출물의 성공기준 검토

첫 번째 발표 (5분)

- 진행자는 발표자에게 함께 검토하고자 하는 산출물을 골라 발표를 시킨다.
- 발표자는 2~3분에 걸쳐 산출물을 간단히 소개한다.
- 진행자는 다른 사람들에게 확인 질문을 하게 한다.
- 발표자는 그 질문에 답한다.

(CFT 활동 시작 전 필요한 자료를 미리 제공하면 훨씬 효율적인 진행이 가능하다. CFT 참가자 전원에게 사흘 전쯤 이메일로 자료를 보내는 것도 좋은 방법이다.)

좋은 점 (10분)

- 진행자는 참가자들에게 이 산출물의 장점, 즉 어떤 점이 좋은지에 대해 피드백을 제공하도록 요청한다.

- 참가자들은 항상 다음과 같은 말로 시작하도록 한다. "나는 ... 점이 좋습니다. 왜냐하면 ....", "이 산출물의 장점은 ... 라는 점입니다. 왜냐하면 ...."(당연히 모든 진술은 성공기준에 근거한 것이어야 한다.)

("좋은 점"부터 "다음 단계"에 이르기까지 발표자는 어떤 발언도 삼가도록 하며, 피드백을 잘 듣고 그 내용을 기록해둔다. 진행자는 피드백 내용이 전부 기록될 수 있게 해야 한다.)

질문 (10분)

- 진행자는 모든 참가자에게 발표자가 산출물에 관해 깊이 생각하게 만드는 질문을 해달라고 요청한다.
- 참가자들은 모든 피드백을 다음과 같은 말로 시작하도록 한다. "저는 ... 하는지 궁금합니다." 또는 "한 가지 생각해볼 질문은 ...입니다."(물론 질문은 성공기준에 근거한 것이어야 한다.)

다음 단계 (10분)

- 진행자는 참가자들에게 다음에 할 일로 추천된 일들에 대해 피드백을 해보도록 요청한다.
- 참가자들은 모든 피드백을 다음과 같은 말로 시작하도록 한다. "생각해볼 수 있는 다음 단계는 ...입니다."(물론 모든 진술은 성공기준에 근거하여 이루어져야 한다.)

폐회 (5분)

- 발표자는 모든 참가자에게 감사를 표하고, 지금까지 받은 피드백을 바탕으로 결정한 구체적인 다음 단계를 발표한다.

프로토콜 5.2 – 학습 문제 해결

이 프로토콜은 학습 중에 만나게 되는 문제를 교사와 학생이 함께 해결하는 구조화된 절차이다. 학습 중 만나게 되는 문제로는 학습에 진전이 없는 경우, 전이 단계의 학습목표를 달성하지 못한 경우, 특정 내용을 공부하다 막힌 경우, 학습을 진행시키는 학습 전략을 찾아내기 어려운 경우 등이 있다.

소요 시간 : 45분

개회(도입) (5분)

- 프로토콜의 목적과 절차, 모둠의 지침(규범)을 소개한다.
- 진행자, 발표자를 정한다.

문제 소개 (10분)

- 진행자는 발표자에게 문제 한 가지를 소개하도록 요청한다. 발표자는 간략하게 이를 소개하고 다음 질문에 답한다.
  - 이 문제는 왜 중요한가?
  - 이것은 왜 문제인가?
  - 이 문제의 원인은 무엇인가?(발표자는 자료를 가져와서 보여줄 수도 있다.)
- 진행자는 참가자들에게 확인 질문을 하도록 요청한다. 발표자는 이 질문에 답한다.

토의 (10분)

- 다른 참가자들이 소개받은 문제에 대해 이야기하는 동안 발표자는 필기를 하면서 듣기만 한다. 발언은 하지 않는다.
- 진행자는 토의 시 다음 내용에 집중하도록 강조한다.
  - 이 문제를 통해 알 수 있는 중요한 사실은 어떤 것들인가?
  - 이 문제의 밑바탕에는 어떤 가정들이 전제되어 있는가?
  - 생각해볼 만한 내용이나 질문은 무엇인가?

발표자 성찰 (10분)

- 지금까지의 피드백을 바탕으로 발표자는 자신의 다음 단계에 대해 이야기한다.

절차에 대한 성찰 (10분)

- 진행자는 발표자를 비롯한 모든 참가자에게 다음 질문을 한다.
- 이 프로토콜을 준수함으로써 얻게 된 이점은 무엇이었는가?
- 이 절차를 개선할 방안은?

이 프로토콜은 모둠 활동 시 경청하는 법을 연습하는 데 도움이 된다.

소요 시간 : 10분

개회(도입) (5분)

- 프로토콜의 목적을 소개한다.
- 모둠의 지침(규범)을 공유한다.
- 진행자와 참가자를 정한다.

기준 및 지침 검토 (5분)

약속 : 저는 여러분이 하는 말을 경청하고 여러분과 여러분의 의견을 깊이 생각해 볼 것을 약속하며, 여러분 역시 저를 위해 그렇게 해주리라 믿습니다.

지침

- 모든 참가자의 발언 시간은 동일하다.
- 다른 사람이 말하는 중간에 끼어들거나 조언하지 않는다.
- 비밀유지 약속을 엄수한다.
- 자신의 발언 시간에 비난이나 불평을 하지 않는다.

준비 단계

- 진행자를 제외한 모든 참가자는 2인 1조가 된다.
- 그런 다음 진행자는 각 참가자에게 상대방에게 던질 질문 한 가지씩을 제공한다. (예 : "오늘 또는 이번 주에 어떤 생각을 가장 많이 하고 있는가?", "오늘 하는 활동에 온전히 참여하기 위해 어떤 이야기를 해야 하는가?", "오늘 무엇을 기대하고 있는가?", "이해가 안 되거나 어려운 점은 무엇인가?" 등)

1차 연습 _ 진행자가 신호를 주면 두 사람 중 한 명이 먼저 질문에 답을 한다.
2차 연습 _ 진행자가 "교체"라고 외치면 다른 한 명이 답을 한다.

(이 자료는 us.corwin.com/rigorouspblbydesign 의 "Preview" 탭에서 내려받을 수 있습니다.)

활동 5-3. 모범 지침 사례

현재 통용되는 교실별, 과목별, 학교 전체의 규칙을 검토하여 다음 질문에 답해보자.

- 아래 상자 속에 제시한 모범 지침 사례와 궤를 같이하는가?
- 학습에 초점을 두고 있는가?
- 학생들이 모든 노력을 학습에 쏟게 만들기 위해 다음의 지침들을 자신의 수업에 어떻게 녹여낼 수 있을까?

〈표 5.17〉 모범 지침 사례

- 우리에게는 공동의 의사결정을 위한 분명한 방법이 있다.
- 우리에게는 조별 활동이나 학습상의 어려움에 대해 이야기할 때 사용할 분명한 전략이 있다.
- 우리는 서로의 생각과 의도를 이해하고 공동의 해결책을 찾기 위해 질문을 이용한다.
- 우리는 항상 다른 사람들이 학습목표를 분명히 알고 있으며 배울 준비가 되어 있는지 확인한다.
- 우리는 자신의 생각과 행동을 서로에게 설명한다.
- 우리는 모두가 이해할 수 있도록 중요한 용어의 정의를 내리며 학습목표, 성공기준, 예시와 같은 용어를 사용한다.
- 우리는 자신의 아이디어를 열성적으로 표현하며, 다른 사람의 열정적인 생각 또한 경청한다.

📚 다음 단계로 나아가기

● 현재 자기 수업의 지침과 절차를 철저히 점검하여 명확성과 투명성을 기하도록 하고, 그리하여 학생들이 자신감 있는 학습 공동체 수립에 기여할 수 있도록 한다.

● 기초, 심화, 전이 단계별 성공기준과 일치하는 학습 언어를 개발한다.

● 채점기준표를 만들어 진보와 성장에 대한 공통된 개념을 정립한다.

● 사전 평가와 사후 평가를 실시하여 학생들의 성장과 실력을 측정한다.

● 학생들이 자신의 성장과 실패에 대해 이야기하고 실력 향상을 위해 어떻게 피드백을 주고받을지에 대해 이야기할 때 도움이 되는 프로토콜을 사용한다.

종류를 막론하고
학습의 본질은
변화에 있다.

– 그레이엄 너텔(Graham Nuthall)

Part 6

PBL 실천을
둘러싼
몇 가지 성찰

Project Based Learning

● 나에게 어떤 깨달음을 주었던 순간은 아주 우연히 찾아왔다. 학생들이 프로젝트를 마치고 성인 패널 앞에서 발표를 하던 중이었는데, 나는 이를 지켜보다가 아이들이 자신이 무슨 말을 하고 있는지 전혀 모른다는 사실을 깨달았다.

아이들은 상당히 오랜 기간 프로젝트기반학습의 통상적인 과정과 절차를 거쳐 멋진 산출물을 만들어냈다. 제대로 된 조별 활동에 참여하였으며, 여러 가지 자료를 활용하고 다른 사람들과 함께 작업하면서 알찬 시간을 보냈다. 어떻게 하면 타인과 협업을 잘할 수 있는지, 마감기한은 어떻게 맞추는지, 어떻게 하면 자신의 산출물이 전문가의 그것처럼 보일 수 있는지, 또 발표는 어떻게 하는지 등 여러 가지 값진 능력을 길렀다. 하지만 나는 정작 학생들이 핵심 내용에 대한 역량이나 협업 환경에서 기초, 심화, 전이 단계의 학습에 대한 자신감을 어떻게 기를 것인가에 대해서는 구체적인 생각을 하지 못했다.

나는 학생들이 프로젝트 과정에 참여하여 바쁘게 움직이기는 했지만 그 과정이 반드시 학습에만 초점을 둔 것은 아니었음을 깨달았다. 그 안에서 내 역할은 주로 필요한 자료를 어떻게 찾는지 상의하거나, 활동 시간은 얼마나 되는지 알아내거나, 교실 속 갈등 상황을 해결하거나 마감기한을 못 지켰을 때 생기는 결과를 알려주는 관리자에 머물러 있었던 것이다. 이런 나의 역할은 학생들로 하여금 과제를 완성하고 일을 끝내는 데 급급하게 만들었다.

도일(Doyle, 1986)에 따르면 (1) 교실 질서를 세우고 유지하기, (2) 교육과정에 따라 진도 나가기가 일반적인 수업의 모습이라고 한다.

프로젝트 기반의 교수법 역시 똑같은 전형으로 흐를 수 있다((1) 프로젝트 모둠 구성하기, (2) 학생들이 프로젝트 과정을 따라가게 만들기). 다시 말해, 어떤 교수법인가와 상관없이 교사와 학생은 과업과 학습 자료, 모둠 구성과 같은 일을 중시하는 운영이나 관리 일변도의 구태로 되돌아가 정작 학습에 몰두하는 일에서 멀어지는 것이다.

가령 PBL 환경에서 이루어지는 '비평 친구 모임'(〈프로토콜 5.1〉 참고)을 예로 들어보자. 내 경험으로 미루어보면 도입활동이나 모둠 편성 전략, 실제적 청중, 프로젝트 일정의 유무 등 프로젝트 자체에 대한 평가를 위해 이루어지는 경우가 대부분이었다. 즉, 그 프로젝트가 학생에게 어떤 효과가 있는지, 기초에서 심화, 전이 학습으로 학생을 어떻게 성장시켜가는지에 대한 평가는 아니었던 셈이다.

그날 이후, 나는 그 활동을 일방적인 발표에서 쌍방향 토론식으로 바꾸어 성인 참가자들이 학생들의 논리와 모둠이 도출해낸 해결책에 대해 질문을 할 수 있게 만들었다. 학생들은 일상적으로 자신의 생각을 보여주고 피드백을 받았는데, 그 피드백은 사람에게는 관대하되 내용에는 엄격한 것이었다. 나는 이제 프로젝트 안내문entry document과 같은 프로젝트의 구성 요소를 학습목표와 성공기준을 위한 수단으로 보게 되었다. 학생의 사전 지식에 균열을 내기 위해 KWL 목록을 사용하기 시작하였고, 주로 지시적인 교수 전략으로 구체적인 요구를 충족시키는 워크숍을 설계하였다. 학생의 수행에 대한 정보를 분 단위로 파악하고 형성적 평가를 통해 학생의 학습을 증진시키는 한편, 아이들 스스로 자신의 학습 능력을 향상시키는 방법을 알아낼 수 있도록 아이들과 함께 노력하였다. 또한 어떤 교수 전략이 효과가 있는지 기초 단계와 심화 단계의 지식별로 나누어 기록하기 시작하였다. 동시에 학생들에게는 공부하는 동안 어떤 학습 전략이 도움이 되는 것 같은지 적어보라고 독려하였다.

내 교육 방식에 있어서 큰 변화는 바로 학습을 아이들의 입장에서 이해하려 노력하기 시작했다는 점이다. 나에게는 잘 보이지 않는 아이들의 학습적 삶을 환히 비춰볼 전등이 필요했고, 그러한 정보를 학급 전체에 증폭시킬 확성기가 필요했다. 이 시기가 되어서야, 내가 가르침에는 지나치게 많은 시간을 썼지만 배움에는 충분한 시간을 쓰지 않았음을 깨닫게 되었다. 나는 나 자신이 "프로젝트기반학습 교사"에서 탈피하여 프로젝트를 하나의 유용한 수업 수단으로 볼 뿐이며 학습에 주력하는 교사로 변모해가는 과정을 지켜보았다. 나는 그동안 잘못된 전제하에 흥미진진한 프로젝트 아이디어와 도입활동을 설계하고 수행 기반 채점기준표와 조별 과제와 모둠 서약서를 개발하는 데 정말 많은 시간을 써왔다. 그러는 동안 다양한 자료와 현란한 테크놀로지를 찾아다니고, 어떻게 하면 아이들을 열광시켜 내 과목을 좋아하게 만들 것인가에만 골몰해왔던 것이다.

그러면서 아이들이 공부하는 과정에서 무슨 생각을 하는지, 어떤 학습 과정을 거치는지에 대해서는 잊어버렸다. 어리석게도 정서적 참여를 인지적 참여와 같은 것으로 착각하였다. 아이들의 학습이나, 아이들이 무슨 생각을 하는지, 어떤 식으로 사고하는지, 그리고 왜 그런 생각을 하는지에는 큰 관심을 두지 않았다. 아이들의 배움과 나의 실천은 이어져 있지 않았다. 내 수업은 모든 학생을 적극적으로 참여시키지도, 한 명 한 명에게서 자신의 배움에 대한 생각을 이끌어내지도 못했고, 그래서 학업적 성장을 이루고 역량을 기르기 위한 변화를 만들어내지도 못했다. 나는 아이들이 배워야 할 것을 반드시 배우게 하도록, 수업에서 일상적으로 하는 행위를 철저히 들여다보는 일을 하지 않았다. 불행히도 내가 모으고 있던 데이터는 프로젝트 자체에 관한 것이었지 배움에 관한 것이 아니었다.

물론 우리는 기술적으로 세련되고 매력적인 프로젝트를 진행할 수 있다. 하지만 우리의 실천과 프로젝트는 무엇보다도 먼저 학습에 실질적인 영향을 주는 일에 근거를 두고 이루어져야 한다. 이는 배움이 존재하는 곳, 그리고 명료성, 도전, 문화를 뿌리내리게 하는 구체적인 실천이 있는 곳에서 프로젝트를 설계하고 실행하는 일을 통해 달성할 수 있다. 그리고 이 일은 프로젝트의 설계와 실행, 그리고 학생의 학습에 미치는 영향에 대해 함께 고민할 동료가 있을 때 가장 잘할 수 있다.

학습효과의 극대화를 위한 협력 ───

● 교사나 교과, 학교, 나아가 지역 교육청에게 궁극적인 학업적 성공의 기준은 정해진 기간 동안 교과의 내용과 21세기 역량과 관련하여 학생에게서 눈에 띄는 변화가 있었는가의 여부이다.

그레이엄 너텔(2007)의 주장처럼,

> 일반적으로 효과적인 가르침이란 학생이 당신이 가르치고자 했던 것(혹은 그 일부라도)을 배운다는 것을 의미한다. 새 지식과 생각, 기술이나 태도 등을 각각 또는 몇 가지를 동시에 습득하기를 바랄 수도 있다. 그러나 당신의 의도가 무엇이었든 간에 수업이 효과적이었나를 알아보기 위해서는 학습을 시작하기 전과 끝난 후에 학생들이 무엇을 믿고 느끼고 생각하고 혹은 할 수 있는지를 알아볼 어떤 방법이 반드시 있어야 한다. 종류를 막론하고 학습의 본질은 변화에 있다. 따라서 당신이 가르치는 학생들의 정신과 능력, 그리고 태도에 어떤 변화가 있었는지 모른다면 당신의 가르침이 얼마나 효과적이었는지 진정 알 길이 없는 것이다.

만약 변화가 목적이라면 교사와 학습자는 학습의 효과를 증명할 타당하고도 믿음이 가는 증거를 수집해야 한다. 이 책에서 다룬 세 가지 혁신(명료화, 도전, 문화)은 학생의 자신감과 역량을 향상시킬 잠재력이 크다. 그런데 그러한 가능성이 현실과 일치하는지 확인하기 위해서는 학생의 학습을 제대로 평가함으로써 교사의 실천을 지속적으로 검증해야 하며, 이는 교실 차원보다는 학교 차원일 때, 학교 차원보다는 교육청 차원일 때 더 잘 이루어진다(Dufour and Fullan, 2012).

높은 학습 성과를 내기 위해 학생의 수행을 이해하고 이에 적절히 대응하기 위해서 교육자는 (학생들 역시) 학생의 성장과 실력을 함께

점검하여 학습 증진을 위한 표준적 관행과 맞춤형 관행은 각각 무엇
인지를 파악하고 PBL을 공식 교수법으로 삼아야 한다. 집단에서 성장
과 실력을 함께 검토하기 위해 교사나 학생들은 〈표 6.1〉에 소개된 질
문을 활용해볼 수 있다.

〈표 6.1〉 범조직 전문 학습 공동체 우선 점검사항

질문	방안
우리 학생들이 배웠으면 하는 것은 무엇인가? 이 수업(과정), 학년, 그리고 단원이 끝났을 때 학생들이 어떤 지식과 기능, 성향을 지니게 되기를 바라는가?	• 모든 과목과 모든 단계에서 분명한 학습목표와 성공기준을 세운다.
우리가 가장 중요하게 여기는 기능과 개념, 성향을 학생 각자가 모두 배우고 있는지 어떻게 확인할 것인가?	• 기초, 심화, 전이 단계별 성공기준에 대한 학생의 성장과 실력을 측정할 평가 기준을 마련한다.
제대로 배우지 못하는 학생들이 있을 때 어떻게 대처할 것인가? 추가적인 수업과 더불어 시의적절하고 정확하며 체계적인 학습 지원을 받을 수 있도록 어떤 조치들을 취할 것인가? 이미 실력을 갖춘 학생들의 배움은 어떻게 확장하고 풍성하게 할 것인가?	• 교수 전략, 피드백 전략, 학습 전략을 기초, 심화, 전이 단계의 성공기준에 맞춰 조정한다. • 각종 전략들이 일정 기간 효과가 있음을 보여주는 자료를 수집한다.
학생의 성장과 실력에 관한 데이터를 조사하기 위해 어떻게 협력할 것인가? 그러한 데이터에 어떻게 대처할 것인가?	• 절차와 지침을 이용하여 교사 및 학생팀을 구성하고 발전시킨다.

– 출처 : Richard DuFour, 2010

이 책에서 소개한 설계상의 세 가지 혁신을 통해 각 교과와 학교, 그리고 교육청은 이러한 변화가 가져올 학력 신장의 혜택을 볼 것이다. 먼저 모든 수업에서 학습목표와 성공기준을 분명히 설정하게 되면 어떤 교사를 만나든 어떤 학교를 다니든, 또 어떤 수업을 듣더라도 누구나 표준적으로 요구되는 기대 수준을 정확히 이해하고 그 혜택을 누릴 것이다. 다음으로 기초, 심화, 전이 단계별 성공기준에 맞춰 제작된 공통된 평가 기준을 개발함으로써 모든 교사와 학생은 평가 도구를 좀 더 자유롭게 선택할 수 있게 되고, 학생의 수행(성장과 실력)을 측정하기 위한 공통된 개념과 도구를 가지며, 그리하여 모든 학생들이 전이 단계의 학습목표에 도달할 기회를 갖게 된다. 이것이 바로 이 책이 이야기하는 '누구에게나 철저한 학습'인 것이다. 공통된 수업 모형과 피드백 모형, 학습 모형을 개발하기 위해 노력하면서 교사와 학생들은 학습에 영향을 미칠 가능성이 높은 전략을 파악할 수 있다. 물론 이 모든 일은 다른 수업 모형 안에서도 가능한 일이겠지만 이러한 변화를 구현하기에 가장 좋은 전략이 PBL이다. 모든 사람에게 협업에 필요한 공통된 언어와 도구가 주어질 때 학습에 집중하는 문화가 학교에 스며들 것이며, 이를 통해 학생은 배움에, 교사는 가르침에 자신감과 역량을 갖추게 될 것이다.

자신감과 역량 육성의 도구로 PBL을 재정비하라

● 학생들을 정해진 기간에 바람직한 속도로 성장시키기 위해서는 명료화, 도전, 문화라는 세 가지 설계상의 변화가 촉구된다. 물론 이러한 변화가 반드시 PBL에만 유효한 것은 아니다. 다만 이러한 혁신을 통합하기에 유리한 교육 수단이 바로 PBL이라는 뜻이다. PBL은 21세기에 요구되는 목표를 달성할 수 있는 교육 방법이며, 우리 학생들에게 21세기의 직업 세계와 비슷한 환경에서 현실 세계의 문제를 실시간으로 해결해볼 기회를 제공한다. 그리고 세 가지 혁신이 일어날 때, 우리는 기초, 심화, 전이 학습으로 튼튼하게 무장된 이 교수법을 더욱 깊이 연구하여 학습자의 성장형 사고방식과 평가 능력, 협업 능력을 계발하고, 나아가 배움에 대한 학습자의 책임감을 키울 수 있다. 이 책에서는 뛰어난 성과를 낼 가능성이 높으며 연구 결과로 검증된 구체적인 실천 방법을 제시하고자 하였다.

역량은 인생의 화폐이다. 그리고 반드시 다른 사람의 개입(즉, 교사)을 통해 철두철미하게 배워야만 하는 필수적인 지식과 기능이라는 것이 존재한다. 기초 단계의 지식과 기능을 습득하여 이를 실제 문제에 연계하고 확장시킬 수 있을 때 학생들은 비로소 자신의 미래를 제대로 대비하고 있다고 할 수 있다. 나는 내용 지식에 커다란 방점을 두는 사람이다. 비판적 사고가가 되기 위해, 타인과 협력하고 소통하기 위해, 그리고 무엇인가를 창조하기 위해서는 핵심 지식의 습득이 반드시 필요하다. 이러한 내용의 추구를 보강하는 것은, 피드백을 주고

받고 지속적인 성장을 위해 지도와 조언을 구하면서 스스로를 관리하고 동료나 성인 자원을 활용할 자신감의 중요성이다. 자신감을 가진 이들은 단순히 더 노력하는 정도에서 그치지 않는다. 그들은 무엇인가를 다르게 시도해보는 위험을 감수하는 사람들이며, 이를 공적인 공간(즉, 동료와의 소통과 피드백을 장려하고 자신의 목소리와 선택을 존중하는 문화)으로 확장하는 사람들이다. PBL은 학습자를 이러한 목적지로 이끄는 아름답고도 우아한 수업 모형이며, 서로 이질적인 여러 교수법이 열성적인 교사에 의해 하나로 어우러지는, 그래서 여러모로 큰 성과를 가져오는 수단이다.

PBL에서는 교사가 자신의 일상적인 수업 속에서 끊임없이 학생의 사전 지식을 파악하게 하고 이를 활용하여 문제해결 과정과 철저한 직접 학습direct learning을 촉진시킨다. 나는 교사들이 자신과 학생들이 기울이는 노력의 방점을 학습에 두는 학습 경험을 설계하기 위해 일관되게 노력해주었으면 한다. 지금까지 어른과 아이들의 학습 능력의 신장을 위해 노력해오면서 깨달은 점은 바로 다음과 같은 것들이다.

- 학생들은 자신이 배워야 할 것이 무엇인지, 학습 과정에서 자신의 위치는 어디인지, 그리고 학습을 진행시키기 위해 필요한 다음 단계가 무엇인지를 정확히 알아야 한다. 이처럼 자신의 학습을 정확히 이해하고 이를 활용하는 일은 프로젝트의 문제상황에 구애받지 않고 이루어져야 한다.

- 학생들은 지식과 기능을 철저히 배워야 한다. 지식을 완전히 이해하고 사용하여 자신은 물론 다른 사람들의 삶을 변화시키기 위해서는 기초부터 고급 지식에 이르기까지 철저한 이해가 필요하다. 이를 위해서는 차별화된 교수 개입과 차별화된 유형의 피드백이 요구된다.

- 학생들은 자신의 배움에 대해 이야기할 수 있어야 하고, 자신의 배움의 과정을 철저히 점검하여 자신에게 필요한 다음 조치를 스스로 결정할 수 있어야 한다. 그리하여 그러한 노력을 중시하며 모범을 보이는 문화의 일원이 될 수 있어야 한다.

부록

프로젝트 설계				
1단계 : 학습목표				
2단계 : 성공기준				
기초		심화		전이
3단계 : 탐구질문				
문제상황 :				
4단계 : 과업				
기초		심화		전이
5단계 : 도입활동				
시나리오 : 학습목표 : 의뢰인/청중 : 형식 :				
워크숍				
기초		심화		전이
프로젝트 일정				

	월	화	수	목	금
1주차(1단계~2단계)					
2주차(2단계~3단계)					
3주차(3단계~4단계)					

대상 : 유치원생

과목 : 과학

이 프로젝트는 과학 교과의 성취기준 중 생태계와 관련된 몇 가지를 다룬다. 아이들에게는 '지역 원예업자들이 해충의 피해를 줄이기 위해 외래 천적을 들여와야 하는가?'라는 질문이 주어진다. 그리고 에너지 소비의 측면에서 생산자(식물), 소비자(동물), 환경의 상호작용을 이해하기 위한 시간을 가진다. 아이들은 또한 환경에 영향을 주는 인간의 반작용과 그러한 작용이 지역과 전 세계 환경에 미치는 결정적인 영향을 알아본다.

기초, 심화, 전이 단계별 과업과 워크숍을 통해 학생들은 과학적 사고력의 기반을 다질 것이다. 프로젝트의 마지막 단계에서 아이들은 물고기 남획 문제를 탐구하는 한편, 이러한 인간의 반작용이 에너지 소비를 어떤 식으로 교란시키는지를 알아본다. 물고기 남획이라는 이 새로운 문제상황은 소비자, 생산자, 환경, 인간 사이의 상호작용에 초점을 두고 있다. 그러나 동시에 이 프로젝트에서 다루었던 어떤 지역에 외래종을 유입시키는 문제에서 한 걸음 더 나아가, 의도적인 종의 제거 (물고기 남획과 같은)가 환경에 미치는 영향을 새로운 시각으로 볼 수 있게 해준다.

관련 성취기준

- 여러 가지 관찰 방법을 이용하여 생산자와 소비자(인간을 포함한)의 생존에 필요한 조건을 설명할 수 있다. (조건의 예시로는 동물은 음식을 섭취해야 하지만 식물은 그렇지 않다는 점, 동물의 종류에 따라 달라지는 먹이의 종류, 식물에게는 빛이 필요하다는 점, 생명이 있는 모든 것에게는 물이 필요하다는 점 등이 있다.)
- (인간을 포함한) 동물과 식물이 자신의 요구에 따라 환경을 어떻게 바꾸는지를 보여주는 증거를 바탕으로 주장을 전개할 수 있다. (생산자와 소비자가 환경에 영향을 주는 반작용의 예시로는 먹이를 숨기기 위한 다람쥐의 땅파기, 식물 뿌리에 의한 지반 파괴 등이 있다.)
- 다양한 생산자, 소비자의 요구와 그들이 사는 환경 사이의 상호작용을 보여주는 모형을 제시할 수 있다. (상호작용의 예시로는 싹과 잎을 먹는 사슴은 삼림 지대에 산다는 점, 햇빛이 필요한 잔디는 주로 목초지에서 자란다는 점 등이 있다. 생산자, 소비자, 환경이 하나의 생태계를 형성한다.)
- 지역의 토양, 물, 공기, 그리고(또는) 다른 생명체에 인간이 미치는 영향을 줄일 수 있는 방안을 전달할 수 있다. (토양에 대한 인간의 반작용을 보여주는 사례로는 종이를 만들기 위한 벌목과 병을 만들기 위한 자원 사용 등이 있다. 해결 방안의 예시로는 종이의 재사용, 깡통과 유리병의 재활용 등이 있다.)

1단계	2단계	3단계	4단계
• 프로젝트 개시 • 사전/사후 평가 실시 • 아는 것/알아야 할 것 목록 검토	• 기초 학습 워크숍 참여 • 기초 단계의 주요 과업 시작	• 심화 학습 워크숍 참여 • 사후 평가 • 심화 단계의 주요 과업 시작	• 발표 • 성찰 • 학생들이 다룰 다른 문제상황 제시

프로젝트 설계		

1단계 : 학습목표

1. 동물과 식물의 생존을 위한 활동들이 주변 환경을 변화시킬 수 있다는 것을 다른 사람에게 설명할 수 있다.
2. 동물과 식물이 왜 서로 다른 환경에서 사는지 다른 사람에게 보여줄 수 있다.
3. 인간이 자신이 사는 지역의 환경에 악영향을 미치면서도 이를 개선하는 여러 가지 방법을 다른 사람에게 설명할 수 있다.

2단계 : 성공기준

기초	심화	전이
• 동물, 식물, 환경의 정의를 내린다. • 인간의 영향력을 보여주는 여러 가지 사례를 열거한다.	• 동물 및 식물과 그들에게 필요한 요소를 연결한다.(예 : 에너지) • 동물 및 식물과 다양한 환경을 연결한다. • 인간의 반작용을 해당 동물이나 식물과 연결한다.	• 인간에게서 발생한 문제를 지역 및 전 지구의 환경 차원에서 개선할 해결 방안 한 가지를 작성한다.

3단계 : 탐구질문

인간은 동물과 식물의 감소를 막기 위해 그 지역과 지구의 환경을 어떻게 개선하는가?

문제상황

- 외래 침입종 – 곤충, 외래 식물 – 대나무
- 물고기 남획
- 플라스틱 병
- 쓰레기 투기
- 특정 종의 재도입
- 지구 온난화

4단계 : 과업

기초	심화	전이
• 주요 학습 내용이 담긴 그림이나 사진을 보고 각각의 이름을 적는다.	• 동물, 식물, 인간 사이의 관계를 보여주는 시각 자료를 만든다.	• 문제상황 중 하나에 대한 해결책 한 가지를 문자와 시각 자료를 이용하여 성인 청중 앞에서 발표한다.

5단계 : 도입활동

시나리오 : 지역 원예업자들이 곤충을 이용하여 해충 문제를 해결하고자 한다.

학습목표 : 생물방제 문제에 대한 해결 방안 한 가지를 자생적 해법이 필요한 이유와 함께 발표한다.

의뢰인/청중 : 지역 원예업자(학부모, 지역 주민, 유관 기관 직원 등)

형식 : 성인 청중을 대상으로 한 (시각 자료를 곁들인) 프레젠테이션

워크숍

기초	심화	전이
• 직소(jigsaw) 기법으로 동물, 식물, 환경을 분류한다. (동물, 식물, 환경을 복습하는 워크숍 네 번 실시) • 정원을 다룬 픽션과 논픽션 작품을 몇 가지 읽는다.	• 비언어적 표현법을 동원하여 동물과 식물의 관계를 그린다. (교사는 상호관계를 연결 지을 그림이나 사진을 여러 개 제공한다.) • 지역과 지구 환경에 영향을 주는 인간의 반작용을 분석한다.	• 물고기(오렌지 라피) 남획으로 인한 문제와 우리 지역 정원의 문제를 비교, 대조한다.

프로젝트 일정				
	월	**화**	**수**	**목**	**금**
1주차 1단계 ~ 2단계	• 프로젝트 개시 (지역 원예업자 들이 생물방제 문제에 대해 이야 기한다. 여기에 프로젝트의 핵심 "빵 부스러기"가 들어 있다.) • 학생들은 '아는 것/알아야 할 것' 목록을 작성 한다.	• 기초 워크숍 : 동물, 식물, 환경의 분류 방법)	• 동물에 관한 기초 학습 • 독서 워크숍 : 논픽션 읽기	• 식물에 관한 기초 학습 • 독서 워크숍 : 픽션 읽기	• 환경에 관한 기초 학습
2주차 2단계 ~ 3단계	• 아는 것/알아 야 할 것 목록 검토 • 지역 원예업자 들을 만나 정원 에서 식물과 동 물이 어떤 식으 로 존재하는지 토의 • 다른 환경에 사 는 동물과 식물 에 관한 영상물 시청	• 심화 워크숍 : 관계 파악 • 비언어적 표 현 워크숍	• 여러 가지 심화 워크숍 활동 • 정원 탐방 • 관찰을 통해 이전 워크숍 에서 했던 분류가 맞는 지 점검	• 심화 워크숍 : 관점 분석	• 독서 워크숍 : 논픽션 읽기
3주차 3단계 ~ 4단계	• 사후 평가 검토 • 아는 것/알아야 할 것 목록 검토	• 프레젠테이 션 준비 • 비평 친구 모임 활동	• 지역 원예업 자들을 대상 으로 생물방 제를 활용한 해결 방안 발 표	• 전이 워크숍 : 물고기(오 렌지 라피) 남 획 문제를 어떻게 해결 할 것인가? 이 문제는 우리가 다룬 정원 문제와 어떤 점에서 비슷하고 또 어떤 점에서 다른가?	• 성찰 활동

대상 : 6학년

과목 : 수학

단위비율(unit rates)을 이해하여 실생활에 적용하는 프로젝트이다. 학생들은 비율을 이해하고 단가(unit pricing)나 정속도(constant speed) 같은 비율을 계산하는 법을 익혀야 한다. 프로젝트를 해내려면 비율에 관한 자신의 지식을 부동산 분야에 적용해야 하는데, 특히 장단기 평가에 작용하는 흡수율(absorption rates : 팔리거나 임대된 집 수를 임대 또는 구입 가능한 집 수로 나눈 것)이 지역 사회에 어떤 영향을 미치는지 이해해야 한다. 이 프로젝트는 동일한 수학적 지식을 다른 상황에 적용해보는 문제(해결하는 데 하루쯤 걸리는)로 마무리된다. 예를 들어 상표가 다른 여러 가지 종이타월의 흡수율을 파악하여 그러한 정보가 소비자의 의사결정에 어떤 영향을 미치는지 알아보는 문제가 제시되기도 한다.

관련 성취기준

- 비(ratio)의 개념을 이해하고 비를 사용하여 두 가지 값 사이의 비율 관계를 설명할 수 있다.
- b≠0일 때 비 a:b와 관련된 단위비율(unit rates) a/b의 개념을 이해하고, 비율 관계가 요구되는 상황에서 단위비율을 사용할 수 있다.
- 비표(tables of equivalent ratios), 테이프 다이어그램, 이중수직선 다이어그램, 방정식을 사용할 수 있다.
- 모든 수학적 계산이 다루어진다.

1단계	2단계	3단계	4단계
• 프로젝트 개시 • 사전/사후 평가 실시 • 아는 것/알아야 할 것 목록 검토	• 기초 학습 워크숍 참여 • 기초 단계의 주요 과업 시작	• 심화 학습 워크숍 참여 • 사후 평가 • 심화 단계의 주요 과업 시작	• 발표 • 성찰 • 학생들이 다른 다른 문제상황 제시

프로젝트 설계		

1단계 : 학습목표

1. 비율과 단위비율을 이용하여 문제를 풀 수 있다.
2. 비율과 단위비율을 나타내어 모형, 표, 선 그림이 포함된 문제를 풀 수 있다.

2단계 : 성공기준

기초	심화	전이
• 비율, 단위비율, 단가, 비, 정속도(constant speed), 평균속도 (average speed)의 정의를 내린다. • 한 가지 방법으로 단위비율 문제를 푼다. • 시각적 표현 방법을 써서 단위비율 문제를 묘사한다.	• 여러 가지 비율 관련 용어를 서로 연계하여 이해한다. • 곱셈이나 나눗셈 등 여러 가지 방법으로 단위비율 문제를 푼다. • 모형, 표, 선 그림을 단위비율 문제와 연결 지어 이해한다.	• 모형, 표, 선 그림을 비율 및 단위비율과 밀접한 관계가 있는 다양한 문제상황에 적용한다.

3단계 : 탐구질문

비율은 사람들의 (지역의 주택 감정과 같은) 의사결정과정에 어떤 영향을 미치는가?

문제상황
- 흡수율(예 : 종이타월, 부동산 등)
- 심박동수 모니터링

4단계 : 과업

기초	심화	전이
• 비를 구하는 여러 가지 방법을 이야기한다. • 비를 이용하여 단위가 같은 두 가지 값을 어떻게 비교하는지 다른 사람들에게 발표한다. • 비율 문제를 수식으로 풀고 구술로도 푼다.	• 비율을 나타내는 여러 가지 방법을 서로 비교하고 대조한다. • 데이터를 표현하는 여러 가지 방법을 써서 비율 문제를 푸는 과정과 정답을 제시한다.	• 청중이 의사결정을 하는 데 도움을 주는 여러 가지 비율 표현법을 발표한다.

프로젝트 수업
제대로 하기

5단계 : 도입활동

시나리오 : 지역 부동산

학습목표 : 다양한 비율 표현 방법을 사용하여 의사결정과정에 영향을 준다.

의뢰인/청중 : 주택 구매자, 주택 판매자, 부동산 중개인

형식 : 부동산 중개인의 프레젠테이션 – 허핑턴 포스트의 기사 "부동산에서 흡수율이란 무엇이며 왜 중요한가?" 관련

워크숍

기초	심화	전이
• 강의식 워크숍 : 비율은 무엇이며, 어떻게 구하는가? 비율은 어떻게 전달하는가?	• 여러 가지 표현 방법을 써서 비율 문제를 푸는 방법을 직접 보여주는 수업을 실시한다. 학생들은 3인 1조로 비율 문제 하나를 풀고 다양한 표현 방법으로 정답을 제시한다. 그리고 학술적인 언어로 학급 전체 앞에서 발표한다.	• 비평 친구 모임에서 여러 가지 부동산 모형에 대한 피드백을 주고받는다. • 종이타월의 흡수율과 부동산 흡수율을 비교하고 대조한다.

프로젝트 일정

	월	화	수	목	금
1주차 1단계 ~ 2단계	• 프로젝트 개시 • 사전 평가	• 기초 워크숍 : 비율이란 무엇인가?	• 기초 학습 : 여러 가지 비율 계산 • 여러 가지 해석	• 연습/피드백	• 아는 것/알아야 할 것 목록 검토 • 기초 워크숍 • 연습 • 피드백
2주차 2단계 ~ 3단계	• 심화 워크숍 : 여러 가지 관계 • 시범 연습	• 심화 워크숍 : 여러 가지 관계 • 시범 연습	• 심화 워크숍 : 여러 가지 관계 • 시범 연습	• 심화 워크숍 : 여러 가지 관계 • 시범 연습	• 사후 평가 검토 • 아는 것/알아야 할 것 목록 검토

3주차 3단계 ~ 4단계	• 부동산 문제 복습	• 전이 워크숍 : 여러 가지 모형 검토 • 비평 친구 모임 활동 실시	• 지역 주민 에게 발표	• 전이 워크숍 • 배운 개념 (비율 등)을 다른 상황 에 적용	• 성찰 활동

대상 : 고등학생

과목 : 사회, 국어 통합

이 프로젝트의 목적은 선진국이 개발도상국에 미치는 막대한 영향력을 이해시키는 데 있다. 특히 다음에 소개하는 역사 및 사회 과목의 내용 성취기준을 다룬다.

관련 성취기준

- 공업경제의 대두와 공업경제와 제국주의, 그리고 식민주의와의 관계(예 : 국가 안보와 전략적 이점이 수행하는 역할, 국내 패권의 추구와 사회 진화론, 그리고 선교에 대한 야욕으로 인해 제기된 도덕적 쟁점, 토지와 자원, 과학기술과 같은 물리적 쟁점)를 설명한다.
- 영국, 프랑스, 독일, 이탈리아, 일본, 네덜란드, 러시아, 스페인, 포르투갈, 미국과 같은 나라의 식민 통치하에 있었던 여러 지역에 대해 자세히 이야기한다.
- 식민지 개척자들과 식민지 피지배자들 각각의 관점에서 제국주의를 설명하고 식민 통치하에 있었던 사람들의 다양한 즉각적인 반응 및 장기적인 대응을 설명한다.

이 프로젝트는 특히 선진국이 다른 나라와 교류하려는, 궁극적으로는 영향력을 행사하려는 군사적, 사회적, 경제적 이유를 집중적으로 다루며, 그러한 관계가 쌍방에 미치는 긍정적, 부정적 영향을 살펴본다. 학생들은 이 프로젝트를 통해 최신 쟁점을 살펴보는 기회를 갖게 된다.

먼저 학생들은 미국이 ISIS의 출현과 유지에 어떤 역할을 하고 있는지 이해하고, 그러한 문제를 둘러싼 국내외의 우려를 어떻게 종식시킬 것인지 생각해보아야 한다. 그다음 역사적 경향을 살펴보면서 유럽 제국주의의 원인과 특징, 영향을 알아보고 그러한 경향성이 현대 국가의 행위 속에 어떻게 나타나는지 철저히 이해하게 된다. 프로젝트의 최종 단계에서는 신생 제국주의 국가와 제국주의의 확산(예를 들면 대만에 대한 중국의 행위와 같은) 사례를 살펴보고, 미국이 국제 사회에서 어떤 역할을 해야 하는지 고민한다.

1단계	2단계	3단계	4단계
• 프로젝트 개시 • 사전/사후 평가 실시 • 아는 것/알아야 할 것 목록 검토	• 기초 학습 워크숍 참여 • 기초 단계의 주요 과업 시작	• 심화 학습 워크숍 참여 • 사후 평가 • 심화 단계의 주요 과업 시작	• 발표 • 성찰 • 학생들이 다룰 다른 문제상황 제시

프로젝트 설계

1단계 : 학습목표

풍부한 자원과 새로운 상품시장 개척에 대한 산업화 국가의 욕망이 문화적 우월감 및 군사력 증강과 맞물려 제국주의 확장을 가능하게 하고 부추겼음을 이해한다.

2단계 : 성공기준

기초	심화	전이
• 19세기 유럽 국가를 침략 행위에 나서게 했던 정치, 경제, 사회적 요인을 나열한다.	• 특정 국가들의 몇 가지 제국주의적 행위를 평가하면서 19세기 유럽 제국주의의 원인과 특징, 영향을 연관 지어 이해한다.	• 하나 이상의 지역을 골라 오늘날 그 지역에 남아 있는 제국주의 잔재를 평가한다. • 제국주의가 우리 시대에 미치는 영향에 대해 가설을 세운다.

3단계 : 탐구질문

미국을 비롯한 제국주의 선진국들은 어떻게 하면 신종 국제 적대세력의 출현을 막을 수 있을까?

문제상황
  • ISIS
  • 국제무역
  • 경제 제재

4단계 : 과업		
기초	심화	전이
짝을 이루어 아래의 내용을 공부한 다음 학급 전체로 확인한다. • 제국주의의 조건을 확인한다. • 사회 다윈주의(Social Darwinism), 가부장제, 자본주의라는 용어와 각각의 개념을 규명한다. • 권력의 종류(정치, 경제, 종교, 이념적 권력)를 알아보고 각 권력의 원천을 밝힌다.	19세기 미국, 유럽, 중동, 아프리카, 아시아 국가의 사례 연구를 보고 다음 사항을 정리하여 도식화한다. • 어느 나라가 권력을 쥐었으며 어떤 종류의 권력이었는지 밝힌다. • 그러한 권력의 토대는 무엇이었는지 권력의 종류별로 밝힌다. • 그 권력이 어떤 식으로 행사되었는지 설명한다. • 제국주의 국가들이 각 국가에 어떤 영향을 미쳤는지 밝힌다. • 각 국가 내부의 어떤 조건들로 인해 지배국 또는 피지배국의 위치가 결정되었는지 밝힌다.	• 미국 및 연합국이 ISIS와 같은 집단을 물리치고 전 세계의 안전을 보장하기 위해 채택할 수 있는 최선의 해결책을 담은 백서를 개발한다. • 과거 제국주의 지배하에 있었던 지역과 우호적인 관계를 구축하는 한편, 민간인에 대한 위험을 낮추기 위해 미국 및 연합국이 취할 수 있는 조치 세 가지를 제시한다.

5단계 : 도입활동

시나리오 : ISIS의 팽창으로 인해 미국 정부가 그간의 군사전략을 재고 중이다.

학습목표 : 해당 지역 자국민의 피해를 줄이고 그 지역에서의 관계 개선을 위해 미국이 취할 수 있는 세 가지 조치를 패널에게 발표한다.

의뢰인/청중 : 사회과 교사

형식 : 서면 기록

255

워크숍		
기초	심화	전이
• 자원에 대한 이해 : 어떤 조건들이 제국주의로 이끌었는가?	• 이념 갈등 : 사람들은 왜 정부나 경제, 종교에 대해 서로 다른 생각을 가지고 있을까? • 보어 전쟁(Boer War), 아편 전쟁, 세포이 항쟁의 원인과 결과는 무엇인가?	• 비교 갈등론 • 현재 진행 중인 국제적 갈등 하나를 골라 이러한 갈등의 원인이 된 경제적, 정치적, 이념적 조건을 분석하고 이것이 제국주의 시대 관행의 잔재인지 판단한다. • 현재의 지정학적 상황을 예측하여 갈등의 기운이 무르익었는지 판단하고, 만약 그렇다면 갈등을 피하고 평화와 안정을 가져오기 위해 어떤 조치가 취해질 수 있는지 이야기한다.

프로젝트 일정					
	월	**화**	**수**	**목**	**금**
1주차 1단계 ~ 2단계	• 프로젝트 개시 • 사전 평가	• 기초 워크숍 : 관련 용어 정의	• 기초 워크숍 : 자료 및 활용 방법	• 짝 토의/직소 : 자료 및 활용 방법	• 짝 토의/직소 : 자료 및 활용 방법
2주차 2단계 ~ 3단계	• 심화 워크숍 : 이념 갈등 • 사례 연구 검토 • 도식조직자 초안 제공	• 심화 워크숍 : 분쟁 사례 • 사례 연구 검토 • 도식조직자 작성	• 심화 워크숍 : 분쟁 사례 • 사례 연구 검토 • 도식조직자에 대한 피드백	• 심화 워크숍 : 미국의 조치 검토 • 도식조직자 완성	• 심화 워크숍 : 예시 백서 검토
3주차 3단계 ~ 4단계	• 전이 워크숍 : 현안 및 다양한 해법 • 평가 • 브레인스토밍	• 전이 워크숍 : 현안(다른 상황 들여다보기) • 백서 개발	• 전이 워크숍 : 백서에 대한 비평 친구 활동 • 5분 발표 준비	• 해법 발표 • 백서 제출 • 새주제 토의	성찰

대상 : 3학년

과목 : 국어

이 프로젝트는 분명한 근거를 들어 특정 관점을 지지하는 글을 쓰는 과정을 통해 3학년 학생들의 작문 능력을 향상시키고자 한다. 최종 과제에서 만점을 받기 위해서는 자신의 생각을 명확하게 전달하는 한편 그 주장을 뒷받침할 철저하고 정확한 근거를 제시해야 한다. 이 프로젝트가 효과적으로 이루어지려면 학생들이 새로운 작문 기법들을 익히는 데 집중할 수 있도록 낯선 소재를 제시하기보다는 이전 학년에서 배웠던 내용을 활용하는 것이 좋다. 아이들은 2학년 때 상당 기간 다양한 문화권의 우화나 전래 동화 같은 이야기를 배우면서 그 이야기가 주는 교훈이 무엇인지 알아보았는데, 이 프로젝트는 학생들의 이러한 배경지식을 활용한다.

프로젝트는 부모님과 지역 주민, 교사 및 친구들 앞에서 자신의 글을 직접 발표하는 자리를 가지면서 마무리된다. 발표에는 질의응답의 기회도 주어지는데 이때 아이들은 자료 조사는 어떻게 이루어졌고 어떻게 지금의 결론에 이르게 되었는지 밝혀야 한다. 발표가 끝나면 교사는 학생들에게 친숙한 주제를 골라 그 문제에 대한 자신의 주장을 밝히는 짧은 글쓰기 과제를 낸다.

관련 성취기준

- 어떤 주제나 글에 대한 자신의 주장을, 뒷받침하는 이유와 함께 작성할 수 있다.
- 자신이 고른 주제나 글을 소개하고 이에 대한 견해를 진술할 수 있으며, 이유를 나열한 개요도를 만들 수 있다.
- 주장을 뒷받침하는 이유를 제시할 수 있다.
- 접속어와 연결 어구(예 : ~이기 때문에, 그러므로, 예를 들어 등)를 사용하여 주장과 이유를 연결할 수 있다.
- 어떤 주제를 탐색하여 여러 가지 생각과 정보를 전달하는 글을 작성할 수 있다.
- 어떤 주제와 그에 대한 관련 정보를 함께 소개할 수 있으며, 필요에 따라 이해를 돕는 삽화를 활용할 수 있다.
- 주제를 사실, 정의, 뒷받침 내용으로 전개할 수 있다.
- 접속어와 연결 어구(예 : 또한, 다른, 그리고, 더욱, 그러나 등)를 사용하여 구상한 내용들을 적절히 연결할 수 있다.
- 종결 문장 또는 결론을 제시할 수 있다.

1단계	2단계	3단계	4단계
• 프로젝트 개시 • 사전/사후 평가 실시 • 아는 것/알아야 할 것 목록 검토	• 기초 학습 워크숍 참여 • 기초 단계의 주요 과업 시작	• 심화 학습 워크숍 참여 • 사후 평가 • 심화 단계의 주요 과업 시작	• 발표 • 성찰 • 학생들이 다룰 다른 문제상황 제시

프로젝트 설계

1단계 : 학습목표

1. 어떤 주제에 대해 뒷받침 내용을 갖춘 주장하는 글을 작성할 수 있다.
2. 어떤 주제에 관해 정보를 정확하게 전달하는 글을 작성할 수 있다.

2단계 : 성공기준

기초	심화	전이
• '왜냐하면', '그러므로', '~이기 때문에', '예를 들어'를 사용한다. • 자신의 글을 비롯한 다양한 글 안에서 이유, 주장, 입장을 식별한다.	• '왜냐하면', '그러므로', '~이기 때문에', '예를 들어'와 같은 말을 써서 주장과 이유를 연결한다. • 자신의 글과 다른 글 안에서 이유, 주장, 입장을 차례로 배열한다. • 사실, 정의, 뒷받침 내용을 제시하며 의견을 기술한다.	• 다른 사람들이 자신의 생각을 이해할 수 있도록 세부 정보, 정의, 사실을 써서 명확한 이론적 근거를 밝힌 주장하는 글을 작성한다.

3단계 : 탐구질문

여러 편의 청소년 이야기에 나타난 교훈을 [교실 규칙을 만드는 데] 어떻게 활용할까?

문제상황

• 교실 규칙
• 공부 습관
• 타인 이해하기
• 교우 관계 발전시키기
• 목표와 실천
• 우리가 내린 결정을 근거로 우리의 미래 예측하기

4단계 : 과업		
기초	심화	전이
• 지문 안에 쓰인 연결어를 식별한다. • 2인 1조가 되어, 사실에 근거하여 주장을 전개하고 그 내용을 공유하는 연습을 한다.	• 이유, 주장, 입장이 차례로 전개되는 단락 몇 개를 작성한다. • 구체적인 주장과 뒷받침 내용을 연결 짓는 글의 구조도(narrative organizer)를 작성한다. • 지문 속에서 접속어, 입장, 관련된 이론적 근거를 찾아본다.	• 주장하는 글을 전개한다.

5단계 : 도입활동

시나리오 : 3학년 교실

학습목표 : 주장하는 글을 작성한다.

의뢰인/청중 : 학교

형식 : 글, 공개 발표(질의응답 시간 포함)

워크숍		
기초	심화	전이
• 연결어 학습을 위한 워크숍('왜냐하면', '그러므로', '~이기 때문에', '예를 들어' 사용하기) • 자신의 글을 비롯한 여러 가지 글 안에서 이유, 주장, 입장을 식별한다.	• 성공기준을 바탕으로 학생의 글을 평가한다. • 주장과 이를 뒷받침하는 자료 또는 반박하는 자료를 연결하는 구조도를 작성한다.	• 다른 문제에 대한 주장하는 글의 구조를 분석한다.

프로젝트 일정					
	월	**화**	**수**	**목**	**금**
1주차 1단계 ~ 2단계	• 프로젝트 개시 • 우화 몇 편 살펴보기 • 주장하는 글 몇 편 살펴보기 • 성공기준 검토 • 우수 사례 몇 편 검토	• 기초 학습 • 글쓰기 연습 • 2인 1조 연습 • 우화 정하기	• 기초 학습 : 자신의 글을 비롯한 다양한 글 안에서 이유, 주장, 입장 식별 하기 • 글쓰기 연습	• 기초 워크숍 • 글쓰기 연습	• 심화 워크숍 : 성공기준을 바탕으로 학생의 글 평가
2주차 2단계 ~ 3단계	• 글쓰기 연습	• 심화 워크숍 • 주장과 이를 뒷받침하는 자료 또는 반박 자료를 연결하는 구조도 작성	• 글쓰기 연습	• 초고 제출 • 피드백 및 수정	• 심화 워크숍 • 전이 워크숍 • 주장하는 글의 구조 분석
3주차 3단계 ~ 4단계	• 2차 원고 제출 • 피드백 및 수정	• 저자와의 만남 • 피드백에 따른 수정	• 전이 워크숍 • 효과적인 공부 습관에 관한 주장 하는 글을 작성하고 성공기준에 의거하여 동료와 함께 검토	• 성찰 활동 • 다른 문제에 대한 주장하는 글의 구조 분석	

학습효과가 뛰어난 프로젝트를 위해서는 세 가지 설계상의 혁신이 반드시 필요하며, 다음과 같은 요소를 포함해야 한다.

명료성	
분명한 학습목표 • 학생들은 자신이 배워야 하는 지식과 기능이 무엇인지 분명히 알고 있다.	☐
성공기준 • 프로젝트 기간 내내 학생들이 계획된 학습목표를 달성하기 위한 기초, 심화, 전이 단계별 목표를 분명히 알고 있다. • 성공기준은 프로젝트의 문제상황 관련 내용을 완전히 배제하고 작성되었으며, 특정 과업에서 요구되는 조건 역시 성공기준 진술에서 완전히 빠져 있다.	☐
과업의 배치 • 학생들은 기초, 심화, 전이 단계별 목표에 부합하는 과업을 제공받는다. 과업에는 읽기, 쓰기, 말하기 활동이 충분히 들어 있다.	☐
도전	
교수적 지원 • 교수 개입(교사의 전략)은 기초, 심화, 전이 단계별 성공기준과 과업에 맞춰 이루어진다.	☐
질문 • 학생들은 다음 네 개의 질문에 답할 수 있는 활동에 일상적으로 참여한다. '학습의 목표는? 나의 위치는? 다음 단계는? 나와 다른 사람들의 학습을 어떻게 증진시킬까?' • 교사는 학습목표와 성공기준을 참고하여 학생의 실력과 성장 정도를 끊임없이 파악하고, 학생의 이해 수준에 부합하는 피드백과 교수 지원을 제공한다.	☐

문화	
지침과 절차 • 수업 중 학생들이 자신의 성장과 실력(기초, 심화, 전이 단계별 학습 성과)에 대한 발언권을 가지며, 학습 중 난관에 봉착했을 때 이를 이야기할 수 있게 해주는 지침과 절차가 있다. • 자신의 성장을 모니터링하고 수행을 보여주거나 학습이 진행되도록 피드백을 교환하고 활용함에 있어서 원하는 방식을 선택할 재량권이 학생들에게 있다. • 교사와 학생은 다른 사람들과 함께 수행 데이터를 검토하여 교수와 학습의 효과를 점검한다.	☐

참고문헌

Albanese, M. A., & Mitchell, S. (1993). Problem-based learning: A review of literature on its outcomes and implementation issues. Academic Medicine, 68(1), 52–81.

Argyris, C., & Schön, D. (1974). Theory in practice: Increasing professional effectiveness. San Francisco, CA: Jossey-Bass.

Ausubel, D. P. (1968). Educational psychology: A cognitive view. New York, NY: Holt, Rinehart & Winston.

Barton, P. E. (2006). "Failing" schools, "succeeding" schools: How can you tell? Washington, DC: American Federation of Teachers.

Bersin, J. (2014, March 15). Why companies fail to engage today's workforce: The overwhelmed employee. Retrieved from http://www.forbes.com/sites/joshbersin /2014/03/15/why-companies-fail-to-engage-todays-workforce-the-over-whelmedemployee/#49f9362e2b94

Boss, S., & Krauss, J. (2014). Reinventing project-based learning: Your field guide to real-world projects in the digital age (2nd ed.). Eugene, OR: International Society for Technology in Education.

Briceño, E. (2015, November 15). Growth mindset: Clearing up some common confusions. KQED Mindshift. Retrieved from http://ww2.kqed.org/mindshift /2015/11/16/growth-mindset-clearing-up-some-common-confusions/

Brooks, J. G., & Brooks, M. G. (1993). In search of understanding: The case for constructivist classrooms. Alexandria, VA: ASCD.

Christensen, C. M., & Shu, K. (2006). What is an organization's culture? (Rev.; Harvard

Business School Background Note 399-104). Cambridge, MA: Harvard Business School.

Clarke, S. (2008). Active learning through formative assessment. Philadelphia, PA: Trans-Atlantic.

Clarke, S. (2015). Outstanding formative assessment: Culture and practice. Philadelphia, PA: Trans-Atlantic.

Dagyar, M., & Demirel, M. (2015). Effects of problem-based learning on academic achievement: A meta-analysis study. Education and Science, 40(181), 139–174.

Dintersmith, T. (Producer), & Whiteley, G. (Director). (2015). Most likely to succeed [Motion picture]. US: One Potato Productions.

Dochy, F., Segers, M., Van den Bossche, P., & Gijbels, D. (2003). Effects of problem-based learning: A meta-analysis. Learning and Instruction, 13(5), 533–568.

Doyle, W. (1986). Classroom organization and management. In M. C. Wittrock (Ed.), Handbook of research on teaching (3rd ed., pp. 392–431). New York: Macmillan.

Driscoll, M. P. (1994). Psychology of learning for instruction. Boston, MA: Allyn & Bacon.

Duffy, T. M., & Jonassen, D. H. (1991). Constructivism: New implications for instructional technology? Educational Technology, 31(3), 7–12.

DuFour, R., DuFour, R., Eaker, R., & Many, T. (2010). Learning by doing: A handbook for professional learning at work. Bloomington, IN: Solution Tree.

DuFour, R., & Fullan, M. (2012). Cultures built to last: Systemic PLCs at work. Bloomington, IN: Solution Tree.

DuFour, R., & Marzano, R. (2011). Leaders of learning: How district, school, and classroom leaders improve student achievement. Bloomington, IN: Solution Tree.

Dumont, H., Istance, D., & Benavides, F. (2010). The nature of learning: Using research

프로젝트 수업
제대로 하기

to inspire practice. Retrieved from http://www.oecd.org/edu/ceri/50300814.pdf

Dweck, C. S. (2007). Mindset: The new psychology of success. New York, NY: Ballantine Books.

Dweck, C. S. (2015, September 22). Carol Dweck revisits the 'growth mindset.' Education Week, 35(5), 20, 24. Retrieved from http://www.edweek.org/ew/ articles/2015/09/23/carol-dweck-revisits-the-growth-mindset.html

Gijbels, D., Dochy, F., Van den Bossche, P., & Segers, M. (2005). Effects of problem-based learning: A meta-analysis from the angle of assessment. Review of Educational Research, 75(1), 27–61.

Gilhooly, K. J. (1990). Cognitive psychology and medical diagnosis. Applied Cognitive Psychology, 4(4), 261–272.

Haas, M. (2005). Teaching methods for secondary algebra: A meta-analysis of findings. NASSP Bulletin, 89(642), 24–46.

Haberman, M. (1991). The pedagogy of poverty versus good teaching. Phi Delta Kappan, 73(4), 290–294.

Hallermann, S., Larmer, J., & Mergendoller, J. R. (2014). PBL in the elementary grades: Step-by-step guidance, tools and tips for standards-focused K–5 projects. Novato, CA: Buck Institute of Education.

Harvey, T. R., Bearley, W. L., & Corkrum, S. M. (1997). The practical decision maker: A handbook for decision making and problem solving in organizations. Lanham, MD: R&L Education.

Hattie, J. (2009). Visible learning: A synthesis of over 800 meta-analyses relating to achievement. New York, NY: Routledge.

Hattie, J. (2011). Visible learning: Maximizing impact on learning for teachers. New York, NY: Routledge.

Hattie, J. (2012). Visible learning for teachers: Maximizing impact on learning. New York: Routledge.

Hattie, J., & Donoghue, G. (2016). Learning strategies: A synthesis and conceptual model. npj Science of Learning, 1. doi:10.1038/npjscilearn.2016.13

Hattie, J., & Timperley, H. (2007). The power of feedback. Review of Educational Research, 77(1), 81–112. Retrieved from http://education.qld.gov.au/staff/development/performance/resources/readings/power-feedback.pdf

Hook, P., & Cassé, B. (2013). Solo taxonomy in the early years: Making connections for belonging, being and becoming. Invercargill, New Zealand: Essential Resources Educational.

Larmer, J., & Mergendoller, J. R. (2010a). The main course, not dessert: How are students reaching 21st century goals? With 21st century project based learning. Novato, CA: Buck Institute for Education.

Larmer, J., & Mergendoller, J. R. (2010b). Seven essentials for project-based learning. Educational Leadership, 68(1), 34–37. Retrieved from http://www.ascd.org/ publications/educational_leadership/sept10/vol68/num01/Seven_Essentials_for_ Project-Based_Learning.aspx

Larmer, J., & Mergendoller, J. R. (2015, April 21) [Web log post]. Gold standard PBL: Essential project design elements. Retrieved from http://bie.org/blog/gold_ standard_ pbl_essential_project_design_elements

Larmer, J., Mergendoller, J. R., & Boss, S. (2015). Setting the standard for project based learning: A proven approach to rigorous classroom instruction. Alexandria, VA: ASCD.

Larson, A. (2016, August 23). Balancing approaches for PBL success [Web log post]. Retrieved from http://www.bie.org/blog/balancing_approaches_for_pbl_success

Lavery, L. (2008). Self-regulated learning for academic success: An evaluation of instructional techniques (Doctoral dissertation). University of Auckland, New Zealand.

Leary, H., Walker, A., Shelton, B. E., & Fitt, M. H. (2013). Exploring the relationships between tutor background, tutor training, and student learning: A problem-based learning meta-analysis. Interdisciplinary Journal of Problem-based Learning, 7(1), 6.

Lencioni, P. (2014). Three signs of a miserable job: A fable for managers (and their employees). New York, NY: Wiley.

Lencioni, P. (2015). The truth about employee engagement: A fable about addressing the three root causes of job misery. San Francisco, CA: Jossey-Bass.

Markham, T., Larmer, J., & Ravitz, J. (2003). Project based learning: A guide to standards-focused project based learning for middle and high school teachers (2nd Rev. ed). Novato, CA: Buck Institute of Education.

Marshall, H. E., & Skelton, J. R. (1908). Stories of Beowulf. London, England: Thomas Nelson and Sons.

Marzano, R. (2007). The art and science of teaching: A comprehensive framework for effective instruction. Alexandria, VA: ASCD.

Marzano, R. (2009). Standards-based reporting and formative assessment: On the road to a highly reliable organization [DVD]. Bloomington, IN: Solution Tree.

Marzano, R. (with Pickering, D. J, Heflebower, T., Boogren, T., & Kanold-McIntyre, J.). (2012). Becoming a reflective teacher. Bloomington, IN: Solution Tree.

Marzano, R., & Waters, T. (2009). District leadership that works: Striking the right balance. Bloomington, IN: Solution Tree.

McDowell, M. (2009). Group leadership in the project-based learning classroom (Doctoral dissertation). Retrieved from ProQuest. (3370197)

McDowell, M. (2013, January 3). Putting the know in need to know. [Web log post]. Retrieved from https://edmovers.wordpress.com/?s=know+list

McLean Davies, L., Anderson, M., Deans, J., Dinham, S., Griffin, P., Kameniar, B., . . . & Tyler, D. (2013). Masterly preparation: Embedding clinical practice in a graduate pre-service teacher education programme. Journal of Education for Teaching International Research and Pedagogy, 39(1), 93–106.

McTighe, J., & Wiggins, G. (2013). Essential questions: Opening doors to student understanding. Alexandria, VA: ASCD.

Mergendoller, J. R., Markham, T., Ravitz, J., & Larmer, J. (2006). Pervasive management of project based learning: Teachers as guides and facilitators. In C. M. Everson & C. S. Weinstein (Eds.), Handbook of classroom management: Research, practice, and contemporary issues (pp. 583–615), Mahwah, NJ: Erlbaum.

Mergendoller, J. R., & Thomas, J. W. (2005). Managing project-based learning: Principles from the field. Retrieved from http://www.bie.org/tmp/research/research managePBL.pdf

Muller, D. A. (2008). Designing effective multimedia for physics education (Doctoral dissertation). Retrieved from http://www.physics.usyd.edu.au/super/ theses/PhD(Muller).pdf

National Research Council. (2012). Education for life and work: Developing transferable knowledge and skills in the 21st century. Washington, DC: The National Academies Press. Retrieved from https://www.nap.edu/read/13398/chapter/1

Newman, M. J. (2005). Problem based learning: An introduction and overview of the key features of the approach. Journal of Veterinary Medical Education, 32(1), 12–20.

Nottingham, J. (2010). Challenging learning: Theory, effective, practice, and lesson ideas to create optimal learning conditions for learning with pupils aged 5 to 18. Cramlington, England: JN Publishing.

Nuthall, G. A. (2001, December). The cultural myths and the realities of teaching and learning. Unpublished Jean Herbison Lecture, 2001. Retrieved from http://www.educationalleaders.govt.nz/Pedagogy-and-assessment/Evidence-based-leadership/ Data-gathering-and-analysis/The-cultural-myths-and-realities-of-teaching-and-learning

Nuthall, G. A. (2005, May). The cultural myths and the realities of teaching and learning: A personal journey. Teachers College Record, 107(5), 895–934.

Nuthall, G. A. (2007). The hidden lives of learners. Wellington: New Zealand Council for Educational Research.

Ochoa, T. A., Gerber, M. M., Leafstedt, J. M., Hough, S., Kyle, S., Rogers- Adkinson, D., & Kumar, P. (2001). Web technology as a teaching tool: A multicultural special education case. Educational Technology & Society, 4(1), 50–60.

Ochoa, T. A., & Robinson, J. M. (2005). Revisiting group consensus: Collaborative learning dynamic during a problem-based activity in education. Teacher Education and Special Education, 28(1). Retrieved from http://files.eric.ed.gov/fulltext/EJ696157.pdf

Perkins, D. (2014). Future wise: Educating our children for a changing world. San Francisco, CA: Jossey-Bass.

Pink, D. H. (2011). Drive: The surprising truth about what motivates us. New York, NY: Riverhead Books.

Popham, W. J. (2011). Classroom assessment: What teachers need to know (6th ed.). Boston, MA: Pearson Education.

Popham, W. J. (2013). Waving the flag for formative assessment. Educational Week. Retrieved from http://www.edweek.org/ew/articles/2013/01/09/15popham.h32.html

Reeves, D. B. (2009). Leading change in your school: How to conquer myths, build commitment, and get results. Alexandria, VA: ASCD.

Rosli, R., Capraro, M. M., & Capraro, R. M. (2014). The effect of science, technology, engineering and mathematics (STEM) project based learning (PBL) on students' achievement in four mathematics topics. Journal of Turkish Science Education, 13, 3–29.

Scherer, M. (2001). How and why standards can improve student achievement: A conversation with Robert J. Marzano. Educational Leadership 59(1), 14–18. Retrieved from http://www.ascd.org/publications/educational-leadership/sept01/ vol59/num01/How-and-Why-Standards-Can-Improve-Student-Achievement@-AConversation-with-Robert-J.-Marzano.aspx

Schmidt, H. G., van der Molen, H. T., Te Winkel, W. W. R., & Wijnen, W. H. F. W. (2009). Constructivist, problem-based learning does work: A meta-analysis of curricular comparisons involving a single medical school. Educational Psychologist,44(4), 227–249.

Schmoker, M. (2011). Focus: Elevating the essentials to radically improve student learning. Alexandria, VA: ASCD.

Schwartz, D. L., & Bransford, J. D. (1998). A time for telling. Cognition and Instruction, 16, 475–522. doi:10.1207/s1532690xci1604_4

Smith, R. A. (2003). Problem-based versus lecture-based medical teaching and learning: A meta-analysis of cognitive and noncognitive outcomes (Unpublished PhD). University of Florida, FL.

Taba, D., & Elkins, E. (1966). Teaching strategies for the culturally disadvantaged. Chicago, IL: Rand McNally.

Thomas, J. W. (2000). A review of research on project-based learning. Report prepared for The Autodesk Foundation. Retrieved from http://www.bie.org/index .php/site/ RE/pbl_research/29

Tomlinson, C. A., & McTighe, J. (2006). Integrating differentiated instruction and understanding by design: Connecting content and kids. Alexandria, VA: ASCD.

Vernon, D. T., & Blake, R. L. (1993). Does problem-based learning work? A meta-analysis of evaluative research. Academic Medicine, 68(7), 550–563.

Wagner, T. (2012). Creating innovators: The making of young people who will change the world. New York, NY: Simon & Schuster.

Walker, A., & Leary, H. M. (2009). A problem based learning meta analysis: Differences across problem types, implementation types, disciplines, and assessment levels. Interdisciplinary Journal of Problem Based Learning, 3(1), 12–43.

Walker, A., & Shelton, B. E. (2008). Problem-based educational games: Connections, prescriptions, and assessment. Journal of Interactive Learning Research, 19(4), 663.

Way, J., & Beardon, T. (2003). ICT and primary mathematics. Philadelphia, PA: Open University Press.

Wiggins, G. (2013, October, 23). Is significant school reform needed or not?: An open letter to Diane Ravitch (and like-minded educators) [Web log post]. Retrieved from https:// grantwiggins.wordpress.com/2013/10/23/is-significant-school-reformneeded- or-not-an-open-letter-to-diane-ravitch-and-like-minded-educators

Wiliam, D. (2011). Embedded formative assessment: Practical strategies and tools for K–12 teachers. Bloomington, IN: Solution Tree.

Wiliam, D. (2013, December). Assessment: The bridge between teaching and learning. Voices from the Middle, 22(2), 15–20. Retrieved from http://www.ncte.org/ library/NCTEFiles/Resources/Journals/VM/0212-dec2013/VM0212Assessment.pdf

Willingham, D. (2009). Why don't students like school?: A cognitive scientist answers questions about how the mind works and what it means for the classroom. San Francisco, CA: Jossey-Bass.

Zeiser, K., Taylor, J., Rickles, J., Garet, M., & Segeritz, M. (2014). Evidence of deeper learning outcomes: Findings from the Study of Deeper Learning: Opportunities and Outcomes: Report #3. Washington, DC: American Institutes for Research.

Zhao, Y. (2012). World class learners: Educating creative and entrepreneurial students. Thousand Oaks, CA: Corwin.

「이 도서의 국립중앙도서관 출판예정도서목록(CIP)은
서지정보유통지원시스템 홈페이지(http://seoji.nl.go.kr)와
국가자료공동목록시스템(http://www.nl.go.kr/kolisnet)에서 이용하실 수 있습니다.
(CIP제어번호: CIP2019017876)」

프로젝트 수업 제대로 하기

1쇄 발행 2019년 7월 4일
2쇄 발행 2022년 7월 11일

지은이 마이클 맥도웰
옮긴이 장밝은
발행인 윤을식

발행처 도서출판 지식프레임
출판등록 2008년 1월 4일 제2020-000053호
주소 서울시 동대문구 청계천로 505, 206호
전화 (02)521-3172 | 팩스 (02)6007-1835

이메일 editor@jisikframe.com
홈페이지 http://www.jisikframe.com

ISBN 978-89-94655-76-5 (03370)